Sandra Felton

W0070397

Ohne Chaos geht es auch

Das ultimative Praxisbuch für Messies

Aus dem Amerikanischen
von Ulrike Zellmer-Wettach

Für meine Mutter Seco Haley,
deren gutes Vorbild mich auch in den Zeiten
nach einer besseren Lebensqualität streben ließ,
in denen ich mich kaum noch daran erinnern konnte,
daß es ein derartiges Leben gab.

Die Deutsche Bibliothek – CIP-Einheitsaufnahme

Felton, Sandra:
Ohne Chaos geht es auch : das ultimative Praxisbuch für Messies /
Sandra Felton. (Aus dem Amerikan. von Ulrike Zellmer-Wettach). –
5. Aufl. – Moers : Brendow, 2000
Edition C : C ; 465
Einheitssacht.: The messies manual <dt.>
ISBN 3-87067-639-6
NE: Edition C / C

5. Auflage 2000
ISBN 3-87067-639-6
Edition C, C 465
© 1996 by Brendow Verlag, D-47443 Moers
Originalausgabe : Originally published under the title
"The Messies Manual" by Baker Book House, P.O. Box 6287,
Grand Rapids, MI 49506, USA
Copyright: © by Sandra Felton
Einbandgestaltung: Kortüm & Georg,
Agentur für Kommunikation, Münster
Titelfoto: Bokelberg, Gruner & Jahr Bilderservice
Printed in Germany

Wenn es darum geht, einen ordentlichen Haushalt zu führen, gibt es keine hoffnungslosen Fälle. Nicht einmal Sie sind einer! Treiben Sie also erst einmal einen Bleistift auf (schauen Sie mal unter die Kommode, dort liegt bestimmt einer seit zwei Jahren herum). Nun prüfen Sie, wo Ihre besonderen Stärken und Schwächen liegen. Schreiben Sie R (richtig) oder F (falsch):

- Ich löse alle Gutscheine ein.
- Ich besitze immer noch das Programm des Tanzstundenabschlußballs.
- Ich plane die Mahlzeiten während des Einkaufens.
- Ich kenne den Kontostand meines Girokontos.
- Ich schließe die Schlafzimmertür, wenn Gäste kommen.

Natürlich gibt es noch mehr Testfragen. Wenn Sie wissen wollen, wie Sie in dieser Untersuchung abgeschnitten haben, lesen Sie einmal Kapitel 10.

Wenn Sie unerwartete Gäste mit offenen Armen empfangen wollen (statt sich hinter einem Stapel Zeitungen zu verstecken), wenn Sie beim Öffnen einer Schranktür nicht mehr Gefahr laufen wollen, von einer Lawine erschlagen zu werden, wenn tief in Ihnen eine „Cleanie" steckt, die sich verzweifelt zu befreien versucht, dann ist das *Handbuch für Messies* bei Ihnen in den richtigen Händen. Hier finden Sie auf humorvolle und schmerzlose Art Anleitungen und praktische Tips, die Sie für alle Zeiten von einem chronischen Messieleben befreien!

Inhalt

Wie im Märchen... 7
Was sind eigentlich Messies? 9

Teil 1:
Hilfe! Der Haushalt versinkt im Chaos!

1. Messietypen 15
2. Bekenntnisse eines gebesserten Messies 21
3. Es gibt einen Grund – es ist nicht Faulheit 25
4. Cleanies, die ich kenne 32
5. Einstellungen, die uns hemmen 39
6. Sie wollen doch nicht perfekt sein! 45

Teil 2:
Zielgerichtet leben

7. Zielsetzung: Wer kein Ziel hat, wird es bestimmt
   erreichen 51
8. Fünf Fallgruben für den Wanderer im Messieland ... 60
9. Eine persönliche Auswertung 67

Teil 3:
Das System

10. Die Mount-Vernon-Methode: Wie ich alles in den Griff
    bekam 73
11. Die magischen Schlüssel zur Ordnung 78
12. Schränke 90
13. Die Küche 95

Teil 4:
Arbeiten Sie mit Ihrem System zusammen

14. Über das Zaudern 103
15. Wie man Zeit gewinnt und einspart 112
16. Wie man die Familie für die Mitarbeit gewinnt 122
17. Noch mehr Organisationstips 133
18. Energie: Der Zündfunke der Haushaltsführung 142

Teil 5:
Die Mühe lohnt sich

19. Ein neues Bild malen 151
20. Ein neuer Anfang 157

Wie im Märchen

Ich liebe die Geschichte von Aschenbrödel, Sie nicht auch? Aschenbrödel ist in Lumpen gekleidet, muß schwer arbeiten, macht sich dauernd schmutzig, kann niemals ausgehen und sich vergnügen und erhält keinen Dank für ihre Mühe. Sie ist traurig und enttäuscht (ist das nicht ein wenig wie bei Ihnen?).

Aber eines Tages findet sie der Prinz, führt sie in seinen Palast, und fortan lebt sie als Prinzessin in einem wunderschönen Schloß und braucht sich nicht mehr die Hände schmutzig zu machen. Und wenn sie nicht gestorben ist, lebt sie heute noch.

Und wer bringt diese wunderbare Verwandlung zustande? Ihre gute Fee natürlich!

Ich wartete jahrelang auf eine gute Fee, die ihren Zauberstab über mich schwingen, meine elende Hütte in ein Schloß und meine Enttäuschung in pure Freude verwandeln würde.

Aber sie tauchte nie auf.

Es gibt diesen Zauber, aber ich suchte ihn an der falschen Stelle. Der Kurs, den Sie jetzt beginnen, wird diesen Zauber auf Sie ausüben. Sie betreten die Welt der Messies und Cleanies. Sie erfahren von der Mount-Vernon-Methode, dem Kartensystem und anderen Geheimnissen der Haushaltsführung. Jedes Kapitel enthält ein wenig Zauberpulver. Wenn Sie das Buch ausgelesen haben, besitzen Sie die besten Voraussetzungen, auch eine Prinzessin zu werden.

Aber Sie selbst müssen den Zauberstab schwingen. Sie müssen das Zauberpulver verstreuen. Und das werden Sie auch. Denn Sie werden doch nicht auf dem Schemel in der Asche sitzen bleiben, wenn Sie wissen, daß ein Schloß auf Sie wartet und daß Sie darauf hoffen dürfen, es zu finden.

Ihr Heim soll ein Schloß werden, voller Schönheit und Würde — und Sie die Prinzessin, die darin wohnt.

„Ach nein", höre ich Sie schon protestieren. „Ich lese dieses Buch doch nicht, um von irgendeinem Zauber zu erfahren. Mir reicht es, wenn ich meine Schuhe finde, die Tische von allem möglichen Krempel befreie und meine Kinder mit zwei gleich aussehenden Socken zur Schule schicke. Ich lebe hier auf der Erde. Und hier möchte ich überleben. Ich habe weder Zeit noch Geduld für Märchen oder Träume."

Schon möglich. Sie wären sicher zufrieden, wenn Sie Ihren Haushalt mit Mühe und Not unter Kontrolle bringen. Dies ist ein sehr praktisches Buch, das Ihren Erwartungen bestimmt gerecht wird.

Aber es könnte doch sein, daß Sie, nachdem das Chaos sich etwas gelichtet hat, irgendwo in Ihrem Heim ein Stückchen „Schloß" entdecken ...

Viel Glück, Prinzessin!

Was sind eigentlich Messies?
(Als ob Sie das nicht wüßten!)

Wir kennen sie alle. Das sind die Leute, die ihren Haushalt nicht auf die Reihe kriegen und Probleme mit der Zeiteinteilung haben. Die den ganzen Tag herumwerkeln und doch nichts geschafft kriegen. Sie haben Angst, eine Schranktür zu öffnen, weil Sie befürchten müssen, unter einer Lawine von Dosen, Blitzlichtbatterien, Schachteln und Strümpfen mit (nur) einer Laufmasche begraben zu werden, die vielleicht eines Tages mal für irgend etwas zu gebrauchen sind (man kann ja nie wissen).

Wer die Wohnung einer solchen Person betritt, läuft ständig Gefahr, über Rollschuhe zu stolpern, Stöße von Zeitungen auf den Boden zu befördern oder auf einen Frosch zu treten, den der kleine Sohn der Betreffenden gerade ins Haus geschleppt hat. Doch wird wohl kaum jemand Gelegenheit haben, die Wohnung dieser Person zu betreten. Sie wird nicht mal ihre beste Freundin einladen − nicht, solange hier ein solches Chaos herrscht.

Eine Frau, die solcherart ihren Haushalt führt − wenn man das überhaupt so nennen kann, da es ja eher so ist, daß sie von ihrem Haushalt geführt wird −, diese Frau hat einen Namen: Sie ist ein *Messie.*

Wenn Sie dieses Buch lesen, kommt Ihnen die Frau vermutlich sehr bekannt vor. Es handelt sich nämlich um Sie selbst. Aber Sie sind es leid, ein Messie zu sein. Sie wollen Ihren Haushalt und Ihr ganzes Leben endlich unter Kontrolle bringen − wenn Sie nur wüßten wie.

Vielleicht waren Sie bis heute der Meinung, Sie seien mit diesem Problem allein. Sie konnten sich nicht vorstellen, daß jemand anders ein Haus bewohnt, in dem es aussieht, als hätte gerade eine Bombe eingeschlagen. Sie wollten mit keinem darüber reden und hatten alle Mühe, das Geheimnis Ihrer Schande vor der Welt zu verbergen.

Fassen Sie Mut, denn Sie sind keineswegs allein. Millionen Frauen — und auch Männer — haben das gleiche Problem wie Sie. Und es ist heilbar oder zumindest kontrollierbar.

Ich weiß das nur zu gut. Jahrelang litt ich dieselben Qualen wie Sie und suchte verzweifelt nach einem Ausweg aus diesem schrecklichen und peinlichen Zustand. Ich begann, Freundinnen zu beobachten, deren Wohnungen immer in bester Ordnung zu sein schienen, und entdeckte schließlich einige Prinzipien, die ich dann auf mein eigenes Leben und meinen Haushalt anwenden konnte.

Das Ergebnis war so erfreulich, daß mir der Gedanke kam, diese Prinzipien könnten auch für andere Frauen von Nutzen sein, die ebenso wie ich mit ihrem Haushalt auf Kriegsfuß standen. Ich hielt also Seminare für *Anonyme Messies*, um meine Erkenntnisse an andere weiterzugeben. Hunderte von Hausfrauen haben diese Kurse besucht. Viele haben mir hinterher berichtet, daß das, was sie hier gelernt hatten, ihre Lebensqualität erheblich verbessert hätte.

Viele von ihnen haben mich gebeten, ein Buch zu schreiben und darin die Grundsätze der *Anonymen Messies* ausführlicher zu behandeln. Um diesen Leuten entgegenzukommen und um andere zu erreichen, die keine Gelegenheit haben, ein solches Seminar zu besuchen, habe ich dieses Buch verfaßt.

Möge es für Sie der Anfang eines neuen, glücklicheren Lebens werden.

10

Teil 1

Hilfe!
Der Haushalt versinkt
im Chaos!

Was ist Ihr M.Q.*?
*(Messies Quotient)

Um irgendeine Sache zu behandeln – eine Krankheit, Stottern, einen eingewachsenen Zehennagel oder ähnliches –, muß man zuerst eine Diagnose stellen. Versuchen Sie einmal diesen kurzen Test:

ja nein

☐ ☐ Sind die Löffel in Ihrer Küchenschublade ordentlich aneinandergelegt, während die Töpfe sich im Spülbekken stapeln? **Der perfektionistische Messie.**

☐ ☐ Hatten Sie eine Mutter, die stets darauf geachtet hat, daß der Abfalleimer im Bad rechtzeitig geleert wird, während der Inhalt Ihres Abfalleimers sich schon ins Duschbecken ergießt? **Der rebellische Messie.**

☐ ☐ Würden Sie gerne abends die Zeitung lesen, wenn Sie nach Hause kommen? Neben Ihrem Lieblingssessel liegen aber gleich sechs Zeitungen. **Der erholungsbedürftige Messie.**

☐ ☐ Ganz hinten in der Schublade Ihres Nachtkästchens bewahren Sie einen Milchzahn Ihres Teenagers auf. **Der sentimentale Messie.**

☐ ☐ Benutzen Sie immer noch Ihr uraltes Bügelbrett? **Der spartanische Messie.**

☐ ☐ Hängen Sie Ihr Kleid für längere Zeit an die Küchentür, nachdem Sie es gerade aus der Reinigung geholt haben? **Der reinliche Messie.**

☐ ☐ Stimmt es, daß eine sandige Badewanne weniger rutschig ist als eine frisch geputzte?
Der Sicherheitsmessie.

☐ ☐ Glauben Sie wirklich, daß es Sünde ist, Ihren Kindern einen Kuchen aus dem Supermarkt vorzusetzen?
Der altmodische Messie.

☐ ☐ Haben Sie eine Patentlösung für das Welthungerproblem, während Ihr Sechsjähriger sich von Toasts ernährt? **Der idealistische Messie.**

1. Kapitel

Messietypen

◆ Der perfektionistische Messie
◆ Der rebellische Messie
◆ Der erholungsbedürftige Messie
◆ Der sentimentale Messie
◆ Der spartanische Messie
◆ Der reinliche Messie
◆ Der Sicherheitsmessie
◆ Der altmodische Messie
◆ Der idealistische Messie

Messies haben eine Gemeinsamkeit: Auf einer Meßskala von
0 bis 10 — 0 ist die absolute Katastrophe, 10 der perfekte Haushalt — liegen sie mit ihrer Haushaltsführung irgendwo zwischen 1 bis 3.

Damit sind sie das Gegenteil von „Cleanies", deren haushälterische Bemühungen auf der Skala mit der Punktzahl 7-10
belohnt werden. Sie zählen aber auch nicht zu den Durchschnittshausfrauen, deren Haushalt wohl gelegentlich, aber
nicht oft und nie für längere Zeit aus den Fugen gerät, und die
daher im Bereich zwischen 4-6 angesiedelt sind.

Abgesehen von der niederschmetternden Bewertung ihrer
Haushaltsführung, haben Messies jedoch wenig Gemeinsam-
keiten. Sie sind auf unterschiedlichen Lebenswegen zu ihrer
jetzigen Lebensqualität gelangt, und sie unterscheiden sich
auch in Art und Stil ihrer Unordnung.

Wir wollen die verschiedenen Messietypen also einmal unter die Lupe nehmen. Wenn Sie sich in einer dieser Charakterisierungen wiedererkennen, sind Sie auf dem besten Weg, eine Lösung für Ihr Problem zu finden.

Der perfektionistische Messie

Diese Person hat hohe Maßstäbe für einzelne Arbeiten. Der Haushalt versinkt im Chaos, sie aber macht sich an die Reinigung des Backofens. Und diese Arbeit wird absolut perfekt erledigt.

„Keiner sieht, wie der Ofen innen aussieht", werden Sie vielleicht einwenden. „Aber *ich* weiß, daß er sauber ist", entgegnet dieser Messie voller Stolz. Mittlerweile ist allerdings schon wieder eine Pizza darin gebacken worden ...

Hier wird Unentschlossenheit mit einem Mäntelchen von Perfektionismus verschleiert. Diese Hausfrau kann sich nicht entscheiden, nach welchem Plan sie ihr Haus in Ordnung halten soll. Sie faßt also überhaupt keinen Entschluß. Das ist auf jeden Fall eine schlechte Entscheidung.

Der rebellische Messie

Diese Person ist durch traumatische Kindheitserlebnisse vorbelastet. Ihre Mutter hat stets auf Sauberkeit und Ordnung geachtet. Jetzt, wo die Tochter erwachsen ist, kann sie endlich den Aufstand proben.

Tragisch ist nur, daß wir jetzt, da wir erwachsen sind, mit solchen infantilen Reaktionen unser eigenes Leben und das unserer Familien kaputtmachen. Eine Frau mittleren Alters erzählte mir, daß sie jahrelang ihren Spiegel nicht aufgehängt hatte, obwohl er ihr dauernd im Weg stand. Der Grund dafür war, daß der Anblick des nicht aufgehängten Spiegels ihre Mutter ärgerte, und das wiederum bereitete dieser Frau Vergnügen. Ich denke, sie wollte ihrer Mutter beweisen, daß sie

sie nicht dazu bringen kann, den Spiegel aufzuhängen. Aber dafür, daß sie auf diese Weise zeigen will, wie „erwachsen" sie ist, bezahlt sie einen hohen Preis.

Der erholungsbedürftige Messie

Für diese Person ist die Welt „draußen" eine feindselige Welt, von der man sich zu Hause erholen muß. Weshalb also auch noch in den eigenen vier Wänden arbeiten? So läßt sie den Dingen freien Lauf, mit dem Ergebnis, daß sie ein feindseliges Heim vorfindet, wenn sie von ihrer stressigen Arbeit nach Hause kommt. Das häusliche Chaos beleidigt das Auge und bringt das Leben durcheinander.

Wie angenehm wäre es, in eine schön gestaltete, einladende Wohnung heimzukommen, die nach getaner Arbeit zur Entspannung einlädt! Die Wahrheit ist jedoch, wie jeder Messie bestätigen wird, daß Unordnung keineswegs entspannend wirkt. Sie erzeugt vielmehr Anspannung, Druck und gereizte Nerven.

Der sentimentale Messie

Jedes Gekritzel von Klein Peter ist kostbar. Jede aufgelesene Muschel hat ihren Wert. Wir müssen unsere Erinnerungen bewahren. Ich glaube, daß das Erinnerungsvermögen in diesem Fall die Ursache des Problems ist. Viele Messies haben ein schlechtes Gedächtnis. Daher brauchen wir solche Erinnerungsstücke. Wenn wir sie fortwerfen, sind auch unsere Erinnerungen weg. In solchen Fällen empfehle ich ein Tagebuch. Schreiben Sie Ihre Erlebnisse auf, besonders die schönen. Diese Aufzeichnungen werden nicht nur für Sie, sondern auch für Ihre Kinder und Enkel unschätzbar sein.

Natürlich können auch Erinnerungsstücke aufbewahrt werden — in beschrifteten, gut stapelbaren Schuhschachteln zum Beispiel. Aber heben Sie wirklich nur Dinge auf, die einen ganz besonderen Wert für Sie haben — sammeln Sie nicht wahllos alles!

Der sentimentale Messie fotografiert auch gern. Auch Fotos dienen als Gedächtnisstütze. Vielleicht lassen wir die Bilder noch nicht mal entwickeln. Es genügt uns zu wissen, daß die Filme da sind, wenn wir sie einmal brauchen.

So liegen in jeder Schublade unentwickelte Filme herum. Eine Frau berichtete mir, daß sie ihre Filme so spät entwickeln ließ, daß sie sich nicht einmal mehr an die Leute auf den Bildern erinnern konnte.

Der spartanische Messie

Dies ist eine ganz besondere Art, mit Problemen der Haushaltsführung umzugehen. Die alten Spartaner begnügten sich nur mit dem, was absolut lebensnotwendig war. In ähnlicher Weise könnte einer Messie der Gedanke kommen, daß sie ihre Habseligkeiten leichter in den Griff kriegt, wenn sie weniger besitzt, oder die Sachen einschließt oder festnagelt und einfach nicht benutzt.

Der nächste Schritt besteht nun darin, festzustellen, was tatsächlich überflüssig ist. „Ich könnte doch immer Eintopf kochen, dann brauche ich zur einen Topf abzuwaschen. Ich brauche eigentlich nur eine Garnitur Bettwäsche. Die wasche ich und beziehe das Bett gleich wieder damit. Dann brauche ich sie schon nicht zusammenzufalten, und die Garnituren verstopfen mir nicht den Wäschekorb. Oder noch besser: Ich könnte das Bett machen und auf der Tagesdecke schlafen. Das erspart mir das Waschen der Bettwäsche *und* das Bettenmachen. Ich werde einige Zimmer saubermachen und abschließen, ich hänge einfach eine Samtkordel vor jede Tür."

Auf solche Weise entledigen sich diese Messies bis zu einem gewissen Grad der Dinge, mit denen sie sich konfrontiert sehen. Sie werden sie nicht wirklich los, sie kümmern sich einfach nicht mehr darum.

Der reinliche Messie

Solange etwas sauber ist, denken diese Messies, braucht man sich nicht darum zu kümmern. Deshalb wird saubere Kleidung im Korb gelassen und nicht zusammengefaltet. (Die Sachen sind doch gewaschen, und das ist die Hauptsache). Das Geschirr wird abgespült und auf die Theke gestellt. Aber es ist sauber. Und das allein zählt, oder?

Der Sicherheitsmessie

Dieser Messie macht keine Betten, „weil sie dann besser auslüften und die Bakterien schneller abgetötet werden". Der Boden wird nicht gewachst, „er wird sonst rutschig, und das könnte gefährlich werden". Geschirr wird nicht von Hand abgetrocknet, „weil die Keime vom Geschirrtuch auf die Teller gelangen könnten. Lufttrocknen ist hygienischer."

„Ich stelle auch keine Putzfrau an. Vielleicht ist ihr Freund ein Dieb, und ich werde ausgeraubt." Man kann nicht vorsichtig genug sein.

Ein solches Denken blockiert und lähmt uns und raubt uns die Freiheit, unseren Haushalt so zu führen, wie wir es eigentlich wollen.

Der altmodische Messie

Es gibt Leute, die einfach Freude daran haben, Dinge so zu erledigen, wie man es seit eh und je getan hat. Für sie ist das Althergebrachte das einzig Richtige. Das ist zweifellos eine Frage des Prinzips, der Grund für ein solches Verhalten ist nur schwer zu verstehen.

Das kann z. B. heißen, daß unser altmodischer Messie den Boden ausschließlich auf den Knien schrubbt, mit einer Bürste in der Hand. Natürlich wird der Boden so nie richtig fertig, es ist einfach zu viel Arbeit. Aber glauben Sie mir, würde diese

Arbeit je fertig werden, wäre sie perfekt erledigt. Das Motto dieses Messies heißt: „Tu es richtig – oder lieber gar nicht." Und oft genug ist es dann „gar nicht".

Der altmodische Messie könnte auch auf die Idee verfallen, Kuchenteig von Hand zu rühren, statt mit dem Mixer, den Teppich auszuklopfen, statt ihn zu saugen und Stoff- statt Wegwerfwindeln zu benutzen. Es gibt vielleicht Situationen, wo solche Handlungsweisen angemessen sind. Doch wenn man sich das Leben absichtlich schwermacht, nur weil das so schön altmodisch ist, behindert man jeden Fortschritt in der Haushaltsführung.

Der idealistische Messie

Diese Person schwebt in anderen Regionen. Dieser Messie interessiert sich für große Gedanken und Ideen.

Doch die Ergebnisse sind für den Idealisten niederschmetternd. Schönheit, Stil und ein befriedigendes Familienleben schwinden unter der Belastung einer chaotischen Wohnung. Der Idealist, der Größeres im Kopf hat, erkennt nur selten den Zusammenhang zwischen dem unordentlichen Haushalt und seinen dahinschwindenden Träumen.

Kurz – was für ein Messietyp Sie auch sind, es ist ein unbefriedigendes Leben.

2. Kapitel

Bekenntnisse
eines gebesserten Messies

*Verglichen mit dem, was wir sein sollten und sein können,
befinden wir uns noch im Halbschlaf.*
William James

Meine Mutter war ein Cleanie. Wie wunderbar war es in jenen Zeiten meiner Jugendtage, immer ein sauberes, schön gestaltetes Zuhause vorzufinden!

Die Führung eines Haushalts schien für meine Mutter eine natürliche Begabung zu sein. Meine Schubladen waren immer geordnet, mein Zimmer aufgeräumt. Ich funktionierte in der von ihr geschaffenen Ordnung. Sie machte natürlich den Versuch, mir, ihrer einzigen Tochter, einiges beizubringen. Das stellte sich allerdings als äußerst schwierig heraus, denn ich liebte die Hausarbeit wie eine Katze das Wasser.

Wir hatten Zeiten, in denen sie ihr Bestes tat, mich zu einem ordentlichen Menschen zu erziehen. Dann gab sie es wieder auf und fand, es sei einfacher, die Arbeit selbst zu tun. Ich hatte derweilen „größere Dinge" im Kopf.

Ich besuchte die High School, und das Lernen machte mir großen Spaß. Ich versuchte auch, mein Schreibtalent zu fördern und verfaßte Kurzgeschichten und Gedichte. Nach der Schule nahm ich Kunstunterricht und Privatstunden in Französisch.

Was scherte mich der Staub an den Tischbeinen, mit einem Kopf voller Kunst und Philosophie? Dann besuchte ich das College, wurde Mathematiklehrerin für die Unterstufe der High School und heiratete einen Pastor. Nun hatte ich selbst einen Haushalt zu versorgen.

Jetzt merkte ich das erste Mal, daß irgend etwas nicht stimmte. Die gepflegte häusliche Atmosphäre, die meine Mutter scheinbar so mühelos schuf, wollte sich bei mir nicht einstellen.

Zuerst machte ich unsere Häuser dafür verantwortlich. Das erste war zu klein. Das zweite zu groß. Ich war überzeugt, daß alles schon in Ordnung kommen werde, wenn ich mich nur ein klein wenig mehr an meine Situation anpassen würde. Ich hatte immer noch andere, wichtigere Dinge zu tun. Ich sah es als meine Aufgabe an, meinen Mann in seinem Beruf zu unterstützen. Dann kamen die Kinder, und ich „reagierte" auf die anfallende Hausarbeit. Aber ich hatte sie nicht unter Kontrolle.

Newtons zweiter Hauptsatz der Wärmelehre besagt, daß in der unbelebten Welt die natürliche Tendenz herrscht, sich auf einen Zustand immer größerer Unordnung hinzubewegen. Das gilt besonders für den Haushalt. Feltons Gesetz lautet: „Jeder Haushalt, der sich selbst überlassen bleibt, versinkt im Chaos." Murphys Gesetz – auf die Haushaltsführung angewandt – heißt: „Jede Unordnung, die eintreten *kann,* wird auch eintreten."

Es ist nicht leicht, ein Messie und die Frau eines Pastors zu sein. Gemeindeglieder kommen einfach „hereingeschneit", besonders, wenn man im Pfarrhaus direkt neben der Kirche wohnt.

Ivans erste Stelle war eine Landgemeinde im nördlichen Indiana. Ich war im Süden, in Tennessee, aufgewachsen, mit der realen oder eingebildeten Vorstellung vom „schwachen Geschlecht".

Die Frauen in Indiana waren von einem anderen Schlag. Daß eine „Dame" nicht arbeitet, wäre ihnen nie in den Sinn gekommen.

Einmal hörte ich, wie eine Frau aus unserer Gemeinde über ihren Frühjahrsputz redete. Ich war verblüfft, daß offenbar sogar das Streichen der Fenstersimse dazu gehörte. Die meisten Frauen unserer Gemeinde nähten, kochten Obst und Gemüse ein, bebauten Gärten, fuhren Traktor, arbeiteten in der Gemeide mit und führten einen ordentlichen Haushalt. Ich dagegen hatte Mühe, den Kopf über Wasser zu halten und fragte mich allmählich, was mit mir nicht stimmte.

Diese Frauen waren sehr wohlwollend und freundlich. Mit keinem Wort kamen sie auf die Kluft zu sprechen, die sich zwischen meinen Fähigkeiten und ihren auftat, und die mir immer stärker bewußt wurde. Das Schlimmste war, daß ich nicht herausfinden konnte, warum sie so erfolgreich waren und ich nicht.

Als junge Mutter konnte ich mir natürlich sagen, daß es ja einen *Grund* für meine schlechte Haushaltsführung gab. Mit jedem Baby, das ich in die Welt setzte, hatte ich eine weitere Entschuldigung. Jetzt, da ich so viele Gründe für meinen unordentlichen Haushalt hatte, fühlte ich mich etwas besser. Eine gute Entschuldigung ist doch was Tolles. Viele gute Entschuldigungen sind ein wahrer Schatz.

Meinen Verstand konnte ich mit diesen Entschuldigungen einigermaßen beruhigen, aber die Seele gibt sich nicht so leicht zufrieden. Dauernd war ich auf der Suche nach irgend etwas, es war mir peinlich, Besucher ohne Vorwarnung empfangen zu müssen, ich war es leid, so viel zu arbeiten und doch nichts zu schaffen — und dann soll man so tun, als sei alles in bester Ordnung? Mir war die Freude am Leben verdorben.

Es ist so schwer, als Messie zu leben.

Ent|schul|di|gung; eine vernünftige Erklärung für die Tatsache, daß Ihr Mann die unbezahlten Rechnungen nicht finden kann ... oder das Scheckbuch ... oder ... oder einen Filzstift, der ausnahmsweise mal nicht ausgetrocknet ist.

Feltons Gesetz:
„Jede Unordnung, die eintreten kann,
wird auch eintreten."

3. Kapitel

Es gibt einen Grund —
es ist nicht Faulheit

Es gibt Ursachen und Gründe,
ein Warum und Wozu in allen Dingen.
William Shakespeare

Messies sind in der Regel wunderbare Menschen. Unter uns gesagt, sie liegen irgendwie über dem Durchschnitt. Sie sind kreativ, intelligent und freundlich. Meine Mutter beantwortete einmal an die hundert Telefonate — alles Messies, die sich für einen meiner Kurse anmelden wollten. Meiner Mutter schien es, als seien Messies die nettesten Menschen auf der Welt. Für mich ist es eine große Bereicherung, in meinen Kursen so interessanten Leuten zu begegnen.

Messies sind Optimisten. Nicht viele könnten angesichts solcher Entmutigungen durchhalten und dabei so gute Laune bewahren. Natürlich fordern Erschöpfung und Enttäuschung zuweilen ihren Tribut, aber irgendwie „wursteln" sich Messies immer wieder durch, in der Hoffnung auf bessere Tage.

Wenn Messies wirklich so tolle Menschen sind, warum kriegen sie dann ihren Haushalt nicht in den Griff? Der Grund ist, daß die Führung eines Haushalts, wenn sie auch zuweilen als natürliche Begabung erscheinen mag, in Wirklichkeit eine komplexe Mischung aus verschiedenen erlernten Fähigkeiten ist. Wenn wir eine oder mehrere dieser Fähigkeiten nicht

25

beherrschen, können wir z.B. beim Hausputz in alle möglichen Schwierigkeiten kommen, ohne zu wissen warum. Es ist, als sei jemand ohne sein Wissen farbenblind und würde eine Karriere als Innenarchitekt anstreben – er würde sicher bald an seine Grenzen stoßen.

Fünf Schwachpunkte, mit denen Messies zu kämpfen haben:

◆ Schlechtes Gedächtnis

◆ Ablenkbarkeit

◆ Chaotische Denkstruktur

◆ Gestörte Wahrnehmungsfähigkeit

◆ Langsamkeit

Die meisten Messies haben verschiedene Schwachpunkte. Zerstreut sind sie alle. Oft können wir uns nicht an die einfachsten Dinge erinnern.

Schlechtes Gedächtnis

Ich habe ein entsetzlich schlechtes Gedächtnis, aber früher war es noch schlimmer! Wie oft habe ich den Schlüssel im Auto stecken lassen! Zuweilen erschien ich zu einem Termin und entdeckte, daß ich ein wichtiges Schriftstück vergessen hatte. Manchmal hatte ich sogar den Termin selbst vergessen! Einmal ließ ich meinen Geldbeutel mit unseren gesamten Ersparnissen auf einer Parkbank liegen. Mein Sohn ging in die gleiche Schule, in der auch ich unterrichtete. An einem Tag vergaß ich ihn einfach und fuhr ohne ihn nach Hause!

Auch zu Hause bekam ich die Folgen meines schlechten Gedächtnisses zu spüren. Ich traute mich schon kaum, irgend

etwas in eine Schublade zu legen, aus Angst, ich würde
Gegenstand nicht wiederfinden oder gar vergessen, ₍
ihn jemals besaß. Rechnungen begannen sich zu stapel₍
ich dachte: Ich kümmere mich darum, sobald ich Zeit ₍₋₋be.
Ich lege sie hier weg, dann vergesse ich sie nicht.

Dann kam ein anderes Schriftstück, das ich mich nicht in
eine Schublade zu legen traute, auf den Stapel mit den Rechnungen, und schon war das Unglück geschehen. Bald bildete
sich noch ein „besonderer" Stapel, neben den anderen Stapeln von Unterlagen, die zu wichtig waren, als daß man sie
irgendwo „verstauen" konnte. Die Rechnungen waren natürlich auf Nimmerwiedersehen verschwunden oder zumindest
meinem Einflußbereich entzogen.

Es kann geschehen, daß wir Messies ein großes Reini-
gungsprojekt in Angriff nehmen. Wir nehmen uns viel Zeit,
die ganze Sache gründlich zu organisieren, und vergessen
dann unseren Organisationsplan. „Wo *wollte* ich eigentlich
diese Papiere unterbringen?"

„Aus den Augen, aus dem Sinn" ist ein Sprichwort, das
genau auf mich zutrifft. Ich kann Ihnen gar nicht sagen, wie oft
bei mir die Badewanne übergelaufen ist. Ich hatte den Wasser-
hahn aufgedreht, ging weg, um etwas anderes zu tun, während
sich die Wanne füllte, und vergaß dann, daß ich überhaupt ein
Bad nehmen wollte. Glücklicherweise haben wir keinen Tep-
pichboden, Parkett oder eine Wohnung unter uns.

Ich vergesse, wohin ich eigentlich gehen wollte, verliere
meine Schlüssel, lasse die Wanne überlaufen — aber ich stehe
damit nicht allein. Zerstreutheit beschränkt sich auch nicht nur
auf Messies, aber wir leiden wohl häufiger darunter als
andere Zeitgenossen. Aber warum sind wir oft so geistesabwe-
send?

Ablenkbarkeit

Ein Grund für diese Zerstreutheit mag darin liegen, daß Messies in der Regel leicht ablenkbar sind. Wenn irgend etwas

unsere Aufmerksamkeit erregt, ist es für uns so schwer, es zu ignorieren, wie eine Katze eine Maus ignorieren kann.

Uns fällt ein fesselndes Buch in die Hand, und wir beginnen es zu lesen, während wir das Bücherregal abstauben. Wir nehmen einen Gegenstand aus einer Schublade, die wir gerade saubermachen. Wir wollen ihn an einem geeigneteren Ort unterbringen, aber auch dort müssen wir erst aufräumen. Wie Maulwurfshügel schießen irgendwelche Stapel in die Höhe und zeugen von unserem großen Hausputz. Diese Art von Hausputz ist ermüdend und verursacht noch mehr Unordnung.

Jemand ist ablenkbar, wenn er von einer Arbeit zur anderen „springt", dies ordnet und jenes aufräumt. Oft fangen wir mit einer Arbeit an, dann klingelt das Telefon, oder wir werden von einem Kind unterbrochen, und die Arbeit bleibt liegen, oder noch schlimmer, wir vergessen sie ganz. Ein zerstreuter Mensch kann in der Regel nicht zwei Dinge auf einmal tun. Ablenkbarkeit und Zerstreutheit sind eng miteinander verwandt.

Eine meiner Lieblingsgeschichten handelt von einem zerstreuten Professor, der einem Studenten begegnete. Nach ihrer Unterhaltung fragte der Professor, in welche Richtung er vorhin gegangen sei. Als der Student ihm antwortete, er sei auf sein Büro zugegangen, erwiderte der Professor: „Gut, dann habe ich schon gegessen", und setzte seinen Weg fort. Das nenne ich Zertreutheit!

Chaotische Denkstruktur

Eine weitere Ursache für die Zerstreutheit von Messies liegt in der Unordnung, die unseren Geist benebelt. Eine unordentliche Wohnung erzeugt wieder Ablenkbarkeit, die wiederum Zerstreutheit hervorbringt, welche noch mehr Unordnung schafft. Es ist wie eine Spirale, die uns nach unten zieht. Überdenken Sie einmal die Worte eines Cleanies, der mit einem Messie-Ehemann zusammenleben mußte:

„Ich brauche Ordnung wie der Alkoholiker sein Bier oder der Raucher die Zigarette. Ohne Ordnung werde ich reizbar, und mir vergeht jede Freude. Ich bin unfähig zu arbeiten oder einen klaren Gedanken zu fassen. Ich bin unglücklich."

Aber warum können manche Leute ihr Leben besser organisieren als andere? Manche kommen schon mit Organisationstalent auf die Welt, anderen ist es eben nicht gegeben – so will es mir scheinen. Vielleicht hat es auch irgend etwas mit unserem Nervensystem zu tun.

Es gibt Untersuchungen über den Zusammenhang zwischen Links- und Rechtshändigkeit und der Fähigkeit zur Organisation. Man hat herausgefunden, daß Menschen, die beidhändig sind (d.h. sowohl die rechte als auch die linke Hand benutzen können), zur Desorganisation neigen, da das Gehirn Signale aus verschiedenen Quellen empfängt und Mühe hat, organisatorische Muster zu erstellen. Jemand, der einseitig rechts- oder linkshändig ist, nutzt die gleichen Nervenstränge und hat es daher leichter, Aufgaben zu erledigen, die Organisation erfordern.

Nach meinem Collegeabschluß machte ich eine Umfrage, wie Menschen ihre rechte von ihrer linken Hand unterscheiden. Die typische Antwort lautete: „Das weiß ich einfach." Das war nicht sehr hilfreich für mich, da ich es nicht „einfach wußte". Wenn Sie daher auch nicht auf die Schnelle eine Hand von der anderen unterscheiden können, trösten Sie sich ein wenig damit, daß Ihre Unfähigkeit zur Organisation nicht so sehr an Ihnen selbst, sondern an Ihrem Nervensystem liegt. Für Schläger im Baseball oder Bildhauer mag es von Vorteil sein, wenn sie beidhändig sind, aber es ist ungünstig für Leute, die organisieren müssen.

Gestörte Wahrnehmungsfähigkeit

Damit ist nicht etwa eine Sehstörung gemeint. Doch das, was das Auge erblickt, muß auch registriert und erfaßt werden. Manche von uns haben ein langsames visuelles Auffassungsvermögen. Wenn wir als Familie an einem Unfall vorbeifahren, sehen mein Mann und die Kinder viel mehr Einzelheiten als ich. „Hast du die Frau auf dem Beifahrersitz des blauen Wagens gesehen und die Frau und den kleinen Jungen neben dem Kombi?"

Ich kann schon froh sein, wenn ich die Autos gesehen habe. Hätte ich mehr Zeit, würde ich auch mehr Einzelheiten erkennen. Aber so im Vorbeifahren schaffe ich das nicht.

Wenn wir die unterschiedlichen Arten der Wahrnehmung auf die Haushaltsführung übertragen, kann man sagen, Cleanies haben ein immer wachsames Auge. Was in ihrem Blickfeld ist, muß klar, sauber und ordentlich sein. Wenn sie ihre Kaffeetasse geleert haben und nicht mehr nachschenken wollen, lassen sie die Tasse verschwinden. Sie wird in die Küche getragen und manchmal noch abgewaschen, ausgespült und in den Schrank gestellt, um den Zustand der Ordnung aufrechtzuerhalten. Eine Cleanie-Freundin sagte einmal, sie wünschte, sie *würde* den Flusen auf dem Teppich übersehen – aber sie *müsse* ihn einfach aufheben, und wenn sie noch so müde sei.

Ein Messie kann dagegen ein beträchtliches Ausmaß an Unordnung ertragen, weil er einfach keinen Blick für das Chaos hat. Ein Erzieher würde sagen, dieses Problem sei ein Mangel an Reaktion auf visuelle Reize, der vielleicht auf Kindheitserlebnisse zurückzuführen ist. Wie andere es auch immer nennen mögen: Wenn unerwarteter Besuch vor der Tür steht, nennen wir es peinliche Verlegenheit.

Langsamkeit

Daß wir so langsam sind, liegt nicht daran, daß unsere Muskeln zu langsam arbeiten. Wir brauchen einfach länger, um manche Arbeitsvorgänge zu erfassen.

Am schlimmsten ist für mich das Wäschesortieren. Wir sind zu fünft. Nachdem meine Augen dem Gehirn übermittelt haben, was dort vor mir liegt, muß mein Gehirn zweierlei begreifen: Wessen Kleidungsstück ist das und welcher dieser Wäschestapel gehört zu welcher Person?

Dieser Vorgang wiederholt sich bei jedem einzelnen Kleidungsstück, und das ständige Überlegen kann einen ganz müde machen, besonders, wenn die Wäschestapel zu groß werden. Ich habe entdeckt, daß es viel leichter fällt, die Wäsche zu sortieren, während die Stapel noch klein und überschaubar sind. Ich plaziere die Stapel auch in der altersmäßigen Reihenfolge jedes Familienmitglieds. Dann muß ich nicht lange überlegen, wo sich ein betreffender Stapel befindet.

Auf diese Weise werde ich viel schneller fertig. Ich habe jedoch Leute beobachtet, die ihre Wäsche ganz rasant mit ein paar Handgriffen sortieren — und sie scheinen dabei nicht einmal viel überlegen zu müssen. Jemand, der Informationen langsam verarbeitet, kann eben nicht so schnell arbeiten wie andere, die dieses Problem nicht haben. So wird die Hausarbeit allerdings ziemlich ermüdend. Auch die Vorstellung, eine Arbeit perfekt erledigen zu müssen, verlangsamt die ganze Sache unnötig. Da kann es passieren, daß eine kleine Ecke des Hauses vor Ordnung und Sauberkeit erstrahlt, während überall sonst noch ein wüstes Durcheinander herrscht.

Wenn Sie bei sich einen dieser Problembereiche oder gar alle wiedererkennen — gibt es überhaupt Hoffnung, daß Sie Ihren Haushalt und Ihre Zeit jemals in den Griff kriegen? Auf jeden Fall! Ich weiß das, denn bei mir hat es auch geklappt.

Wie ist das möglich?
Schauen wir uns einmal einige Cleanies an,
vielleicht können wir von ihnen etwas lernen.

4. Kapitel

Cleanies,
die ich kenne

Das habe ich geliebt: weiße Teller und Tassen,
sauber und strahlend.
Rupert Brooke

Im Gegensatz zu Messies haben Cleanies Pläne im Kopf und sind sich dessen noch nicht einmal bewußt. Ihr Gehirn funktioniert wie ein Computer und speichert eine ganze Liste von Tätigkeiten, die noch zu erledigen sind.

Der Computer wird von den Augen gesteuert. Immer wieder sagen Cleanies: „Wenn ich sehe ...", oder: „Wenn es schmutzig aussieht, dann ..."

Ihr Denken ist visuell, sie bekommen gleich ein unangenehmes Gefühl, wenn irgend etwas nicht an seinem Platz liegt. Cleanies fürchten sich nicht vor Maßnahmen der Arbeitserleichterung. Sie haben Vertrauen in ihre haushälterischen Fähigkeiten und brauchen sich nicht irgend etwas zu beweisen, indem sie die Arbeit unnötig verkomplizieren.

Sie springen in der Regel mit einem Satz aus dem Bett und gehen zielstrebig ans Werk. Häufig setzen sie sich ein Zeitlimit und arbeiten schnell, um in dieser Zeitspanne fertig zu werden. Man könnte denken, daß Cleanies ziemlich nervöse Menschen sind, aber das scheint nicht zuzutreffen. Sie sind im Gegenteil oft freundlich, warmherzig und kreativ. Das können sie sich auch leisten, weil sie ja noch genug Zeit für andere Dinge haben. Dies sind natürlich allgemeine Aussagen. Jetzt wollen wir einmal einige dieser Superhausfrauen näher unter die Lupe nehmen. Vielleicht können wir von ihnen wirklich etwas lernen.

Eines haben meine Cleanie-Freundinnen gemeinsam: Sie verstehen nichts. Überhaupt nichts verstehen sie. Wahre Cleanies erkenne ich gleich an ihrer Reaktion, wenn ich ihnen sage, daß ich einen Kurs über Haushaltsführung gebe. Sie starren mich in sprachlosem Erstaunen an.

„Ach, du gibst einen Kochkurs."

„Nein, einen Kurs über Haushaltsführung."

„Verstehe, einen Kurs über Innenarchitektur?"

„Nein, *Haushaltsführung*."

„Oh."

Schweigen. Wie könnte ich ihnen das Unfaßbare klarmachen? Wer würde wohl einen Kurs über Haushaltsführung belegen?

Eine dieser Frauen erklärte mir allen Ernstes, daß niemand zu diesem Kurs erscheinen würde. Da meine Kurse immer gut besucht waren, fragte ich sie, weshalb sie annähme, niemand würde in meinen Kurs kommen.

„Leute, die einen unordentlichen Haushalt haben, wollen es gar nicht anders. Warum sollten sie also deinen Kurs besuchen? Keiner wird kommen."

Wenn Cleanies nur wüßten, wie wir uns abstrampeln! Aber die Führung eines Haushalts ist für sie eben das Natürlichste von der Welt, und deshalb verstehen sie uns nicht.

Wir können also am besten von Cleanies lernen, wenn wir einige näher kennenlernen und sie genau beobachten. Und genau das wollen wir jetzt tun.

Ellen

Ellen arbeitet vollzeitlich im Import-Export-Geschäft. Sie ist eine Witwe und hat eine elfjährige Tochter.

Ihre kleine Eigentumswohnung hat eine erfrischende Wirkung. Sie ist in einem warmen Beigeton gehalten, wirkt aber gleichzeitig strahlend und kühl. Der Boden ist aus italienischen Kacheln, auf Tischen und Regalen steht viel Glas. Jalousien regulieren den Lichteinfall.

Ellen selbst hat Stil und Ausstrahlung. Ihre Garderobe ist in beige und schwarz gehalten, so daß sie die Kleidungsstücke gut miteinander kombinieren kann. Accessoires und einige wenige Stücke in anderen Farben bringen Abwechslung in ihr Erscheinungsbild.

Ellen hat einige Tricks entwickelt, um ihre Wohnung gut aussehen zu lassen, ohne große Mühe aufzuwenden. Sie gibt offen zu, daß sie Hausarbeit verabscheut und Besseres zu tun hat. Daher plant sie gut, um möglichst wenig Arbeit mit dem Haushalt zu haben.

Als ihr Mann noch lebte, nahm er die weißen Kissen von der Couch und legte sie auf den Boden, um sich beim Fernsehen besser ausstrecken zu können. Als sie ein neues Sofa anschaffte, kaufte sie eines, an dem die Kissen befestigt waren. So brauchte sie ihn noch nicht einmal zu ermahnen, die Kissen nicht auf den Boden zu legen.

Früher war Ellens Küchentheke ein wenig länger als die Trennwand zwischen Küche und Wohnzimmer. Man war regelrecht versucht, im Vorbeigehen etwas darauf zu legen.

Ellen wollte ihre Gäste nicht darauf ansprechen. Daher bat sie ihren Mann, die Wand zu verlängern, so daß die Theke nicht länger hervorstand und eine Versuchung darstellte. Als sie Wohnzimmerregale anschaffte, kaufte sie welche mit Glastüren, so daß sie nicht so oft staubwischen mußte.

Da Ellens Wohnung klein ist, hat sie keinen Korb für Schmutzwäsche. Statt dessen faltet sie die schmutzige Wäsche zusammen und legt sie in eine dekorative Truhe am Fußende ihres Bettes.

Ellen nutzt „kleine Minuten". Nie reinigt sie Schränke. Wenn die Schränke fast leer sind, wischt sie sie rasch aus. Das gleiche macht sie mit dem Kühlschrank. Wenn sie ihre saubere, gewaschene Wäsche in eine Schublade legt, räumt sie diese bei der Gelegenheit kurz auf. Hier ist Großputz also gar nicht nötig. Früher hatte sie einen Hund, hat sich aber nach dessen Tod keinen neuen zugelegt. Sie ist mit ihrem Haushalt um 9.00 oder 9.30 fertig — am Morgen natürlich!

Judith

Judith hätte früher auf unserer Skala für gute Haushaltsführung sicher die volle Punktzahl erreicht. Einmal in der Woche schob sie ihren Kühlschrank von der Wand weg und machte dahinter sauber. Jetzt sieht sie das nicht mehr so verbissen und bewegt sich auf unserer Skala zwischen 8 und 9. Judith ist Künstlerin, und sie sammelt allen möglichen Schnickschnack. Das letztere kann ich nicht empfehlen. Solche Sammlungen erschweren das Saubermachen erheblich.

Judith ist verheiratet und hat einen achtjährigen Sohn, einen langhaarigen Hund und zwei Katzen. Sie hat einen Vollzeitjob als Hausfrau und Mutter.

Wenn Sie Judith fragen, ob sie bei der Hausarbeit nach einem Plan vorgeht, wird sie das erst verneinen, nach einer kleinen Pause jedoch sagen: „Aber natürlich, montags mache ich den Küchenboden sauber. Das habe ich mir einfach so angewöhnt. Die Bettwäsche wechsle ich freitags." Und so fällt ihr immer mehr ein.

Judith folgt einem zwangloserem Plan als Ellen und ist erst mittags mit ihrer Hausarbeit fertig. Aber dann ist sie auch wirklich fertig!

Nun beginnt sie zu malen. Das tut sie eine ganze Zeit lang, dann sieht sie noch fern, räumt die Malsachen weg, kocht das Abendessen und heißt ihre Familie willkommen. Das klingt so einfach, nicht wahr? Ich erinnere mich, daß ich den ganzen Tag lang im Haushalt beschäftigt war, als ich die gleiche Zeit zur Verfügung hatte. Aber ich wurde *nie* fertig. Wie macht sie das nur? Sie selbst sagt dazu: „Wenn ich Hundehaare *sehe,* sauge ich sie weg." — „Ich räume die Malsachen auf, weil ich nicht *sehen* kann, wie sie herumliegen. Das sieht so unordentlich

aus." – „Ich glaube, es *sieht* schöner aus, wenn die Kleider weg-
geräumt sind." Cleanies sind stark visuell orientiert und legen
viel Wert auf den äußeren Anblick der Wohnung.

Auch Judith nutzt „kleine Minuten". Jeden Tag wischt sie
nach dem Zähneputzen mit einem trockenen Badehandtuch
über den Spiegel.

Martina

Martina fiel es sichtlich schwer zu sagen, nach welchem Plan
sie vorging. Eines jedoch wußte sie mit Sicherheit. Sie war in
der Regel um 9.00 oder 9.30 mit ihrer Hausarbeit fertig. Martina
ist verheiratet, hat zwei Kinder, sechs Jahre und fünf Monate
alt, und betreut noch ein einjähriges Baby. Sie hat auch einen
Hund.

Ihr Grundsatz lautet, das Haus so in Ordnung zu halten, daß
sie niemals Großputz machen muß. Sie steht um 5.30 oder 6.00
auf, um das Baby zu füttern. Um 7.00 weckt sie ihre sechsjährige Tochter Nina, die um 8.00 das Haus verläßt und zur Schule
geht. Nina ist um 7.30 fertig und spielt bis um 8.00 mit dem
Baby. Dann muß das Baby schlafen, und Nina macht sich auf
den Schulweg. Von 7.30 bis 9.00 oder 9.30 erledigt Martina ihre
gesamten Reinigungsarbeiten.

Um 7.30 putzt sie die Küche und wäscht das Geschirr ab (sie
hat keinen Geschirrspüler), sie saugt und fegt den Küchenboden und wischt die Theke. Dann macht sie die Betten (fünf
Minuten), reinigt das Bad (zehn Minuten) und erledigt noch
ein paar andere Arbeiten.

Dienstag und Donnerstag sind ihre freien Tage, an denen
sie um 8.00 oder 8.30 fertig ist. Montag und Freitag – am
Wochenanfang und -ende – schafft sie am längsten, nämlich
bis 9.30. Mittwochs hat sie nicht so viel zu tun.

Was tut sie an ihren arbeitsreichen Tagen? Sie saugt zwei
Schlafzimmer, ein Bad und das Wohnzimmer, staubt dann die
Möbel ab und wischt sie mit Fensterreiniger. Während der
Reinigungsarbeiten wäscht sie täglich zwei Maschinen voll,

trocknet und faltet die Wäsche, so daß alles gleichzeitig fertig wird und sie für den Rest des Tages keinen Gedanken mehr an Hausarbeit verschwenden muß. Sie möchte frei sein für das, was an diesem Tag auf sie zukommt, sei es Arbeit oder Vergnügen.

Wie hält sie den ganzen Tag diesen geordneten Zustand aufrecht? Sie räumt alles, was im Weg herumliegt, sofort weg.

Was tut sie in ihrer freien Zeit? Sie besucht Freunde, die auch Kinder haben, so daß die Kinder miteinander spielen können. Sie hat einen Malkurs belegt und kümmert sich um ihr Aussehen.

Natürlich fallen die organisatorischen Tricks der Cleanies uns Messies nicht gerade in den Schoß — das ist unser Problem. Doch bei einigem Nachdenken können wir Pläne entwickeln, mit deren Hilfe wir unseren Haushalt so ordentlich hinkriegen wie unsere Cleanie-Freundinnen (oder beinahe so ordentlich!).

Doch zuerst müssen wir uns klarmachen, welche inneren Einstellungen unsere guten Absichten behindern.

Intelligenz ist die geistige Beweglichkeit,
die uns in die Lage versetzt, die Dinge so zu sehen,
wie sie wirklich sind.

George Santayana

5. Kapitel

Einstellungen, die uns hemmen

Wir sind auf den Feind gestoßen — nämlich auf uns selbst.
Walt Kelly

Unsere innere Einstellung ist der Schlüssel zu unserem Handeln. Wir geraten oft in bestimmte Denkmuster, die unsere Weiterentwicklung behindern, und merken das noch nicht einmal. Während unser Wille mahnt: *„Geh, tu was!"*, ruft unsere innere Stimme: *„Nein, nein!"* So versagen wir immer wieder, weil wir an inneren Einstellungen und Ideen festhalten, die unserer Weiterentwicklung im Weg stehen. Um dauerhafte Veränderungen in unserer Haushaltsführung zu bewirken, müssen wir erst einmal unsere Denkstruktur ändern. In diesem Kapitel beschreibe ich solche unguten Einstellungen, mit denen wir uns auseinandersetzen müssen. Vielleicht kommt Ihnen manches bekannt vor, dann sind Sie persönlich zu einer Änderung aufgerufen.

Fixierung auf einzelne Arbeiten

„Den Teppich kann ich noch den ganzen Tag saugen." Wer eine solche Aussage macht, zeigt, daß er diese und andere Arbeiten nur erledigt, damit sie getan werden, nicht, weil sie Teil eines

39

größeren Ganzen sind. Solange wir die Führung eines Haushalts als eine Auflistung einzelner Aufgaben ansehen, die nur darauf warten, erledigt zu werden, können wir sie immer vor uns herschieben. Denn es gibt eigentlich keinen Grund, sie zu erledigen, außer, daß wir sie dann von unserer Liste abhaken können.

Die Lösung heißt „Orientierung auf ein Ziel", statt „Fixierung auf einzelne Arbeitsvorgänge". Wir dürfen nie unser Ziel aus den Augen verlieren, welches in unserem Fall ein geordneter Haushalt ist. Wenn wir unsere Arbeit im Hinblick auf dieses Ziel sehen, werden die einzelnen Tätigkeiten ein Mittel, um dieses Ziel zu erreichen.

Lassen Sie mich das an einem Beispiel erklären: Zwei Leute bekommen die Aufgabe, ein Puzzle zusammenzusetzen. Die Puzzles sind in Größe und Form identisch. Das eine jedoch stellt ein schönes Bild dar, das man allerdings erst erkennen kann, wenn die einzelnen Teile zusammengesetzt sind. Das andere Puzzle besteht nur aus grauen Teilen. Fragen wir den ersten, was er gerade tut, wird er uns sagen: „Ich mache ein schönes Bild." Der andere wird jedoch erwidern: „Ich setze ein Teil an das andere. Nach einer Weile werde ich jedes Teil eingefügt haben." Der erste arbeitet zielorientiert, der zweite ist auf einzelne Arbeitsvorgänge fixiert.

Jemand, der auf einzelne Aufgaben fixiert ist, kann das Saugen des Teppichs den ganzen Tag lang vor sich herschieben, sofern er an diesem Tag überhaupt noch gesaugt wird. Ein zielorientierter Mensch wird jedoch nicht den ganzen Tag mit der Erledigung dieser Arbeit warten, denn sein Ziel ist es, eine stets gut aussehende Wohnung zu haben, in die ein schmutziger Teppich eben nicht paßt.

Pragmatisches Denken

Warum die Zahnpasta wegräumen, wenn wir sie in ein paar Stunden doch wieder brauchen? Weshalb das Bett machen, wenn wir es am Abend wieder aufdecken müssen? Lohnt es sich, die paar Teller abzuwaschen? Am besten, man wartet, bis das ganze Spülbecken vollgetürmt ist, dann lohnt sich der Aufwand wenigstens. Solche Ideen sind wohl praktisch, aber sie verhindern, daß Sie Ihr Ziel erreichen — ein schönes und geordnetes Zuhause zu haben.

Der Mythos vom kreativen Chaos

Es ist bekannt, daß kreative und intelligente Leute oft Probleme mit der Organisation haben. Manche kreativen Persönlichkeiten kokettieren geradezu mit ihrem Mangel an Organisation. Ist Ihnen auch schon mal ein Aufkleber begegnet mit der Aufschrift: „Ein aufgeräumter Schreibtisch ist ein Zeichen für einen kranken Geist"? Hier geht ein chaotischer Kreativer in die Offensive.

Häufig ist es jedoch so, daß dieses Chaos die volle Entfaltung der kreativen Fähigkeiten verhindert. Stellen Sie sich den Schriftsteller vor, der seine Notizen zu einem bestimmten Thema nicht mehr findet, oder den Künstler, der seine Mal-Utensilien verlegt hat. Die Suche nach diesen Dingen hemmt das kreative Tun und Denken.

Dinge zu verlieren ist ein Zeichen von Desorganisation. Ich kenne ein Buch, das von kleinen grünen Männchen berichtet, die unter den Fußbodendielen wohnen und sich Sachen „ausleihen". *Deshalb* verschwinden so viele Dinge. In meinem Haus wohnten früher viele solcher Männchen. Aber ich glaube, sie mögen es nicht, wenn alles geordnet ist, denn seit ich meinen Haushalt unter Kontrolle habe, scheinen sie ausgezogen zu sein.

Fixierung auf Ideen

Messies sind im großen und ganzen intelligente Menschen. Wir haben hohe Ideale und eine weltweite Perspektive. Das Welthungerproblem, Kinder- und Jugendarbeit, Kunst, Musik,

Literatur, Karriere – diese Dinge sind es wert, daß wir ihnen unsere Zeit widmen. Staubwischen, eine Schüssel von einer Stelle zur anderen zu tragen – wie unwichtig erscheinen solche Verrichtungen im Licht unseres Strebens nach Höherem ... geradezu bedeutungslos.

Wenn wir schon in unseren eigenen vier Wänden so desorganisiert sind, können wir uns doch kaum der Probleme annehmen, die wir für bedeutender halten. Aber wie können wir unser Buch fertigschreiben, wenn wir bereits die ersten sechs Kapitel verschlampt haben? Wie können wir einen Feldzug gegen das Hungerproblem organisieren, wenn wir nicht in der Lage sind, die Anschriften der Personen und Organisationen ausfindig zu machen, deren Unterstützung wir benötigen?

Seelische Komplexe

Weil Messies schon von klein auf Probleme mit der Organisation haben, ist auch die Hausarbeit schon von Kindheit an ein Problembereich. Ist die Mutter eine Cleanie, sind Enttäuschungen für Mutter und Kind vorprogrammiert. Die Mutter kann nicht begreifen, weshalb das Kind die ihm übertragene Aufgabe so mangelhaft oder unvollständig erledigt. Das Kind glaubt vielleicht, es hätte die Aufgabe richtig ausgeführt. Oder es hat sich bei der Arbeit von irgend etwas ablenken lassen und die Aufgabe dann ganz vergessen.

Die Mutter ist enttäuscht und hält das Kind für widerspenstig. Das Kind ist vielleicht überrascht zu erfahren, daß es seine Aufgabe so schlecht erledigt hat. Es kann nicht verstehen, weshalb die Mutter sich so aufregt. Es ärgert sich über die angeblich ungerechte Kritik.

So ist die Hausarbeit von Kindheit an mit unangenehmen Erinnerungen verbunden. Von hier aus ist es nur ein kleiner Schritt zu der Ansicht, daß Hausarbeit nur frustriert und daher am besten vermieden wird. Wenn man nichts tut, kann man auch nicht versagen.

Depression und seelische Verstimmung

Die schlimmste Zeit meiner Haushaltsführung machte ich durch, als ich in einem anderen Bereich meines Lebens ein schwerwiegendes seelisches Problem zu bewältigen hatte. Ich war wie gelähmt, es ging überhaupt nichts vorwärts. Wo immer unsere Schwachpunkte liegen, in solchen Zeiten verstärken sie sich. Meine schlechte Haushaltsführung wurde zur Katastrophe.

Ich glaube nicht, daß ich zu jener Zeit in der Lage gewesen wäre, Hilfe für die Organisation meines Haushalts anzunehmen, selbst wenn mir jemand solche Hilfe angeboten hätte. Ich mußte abwarten, bis ich meine seelische Krise überstanden hatte, bevor der Zustand meines Haushalts wieder einfach nur „schlecht" wurde.

Häufig ist es jedoch so, daß unsere miserable Haushaltsführung die Ursache für unsere Depression ist. Das Gefühl, keine Kontrolle mehr über den Haushalt zu haben, und die Probleme, die eine schlechte Haushaltsführung mit sich bringen, können eine solche Verzagtheit hervorrufen, daß der Haushalt noch mehr vernachlässigt wird. Eine zerstörerische Spirale beginnt uns nach unten zu ziehen.

Dieser Vorgang wird noch beschleunigt, wenn eine Flut, ein Orkan, ein Erdbeben oder eine andere Naturkatastrophe eintritt, die unser Heim ganz und gar zerstört oder durcheinanderbringt. Ein solches Ereignis kann uns den letzten Funken Hoffnung nehmen, jemals unseren Haushalt in den Griff zu kriegen.

Auch weniger traumatische Ereignisse können der Auslöser für einen seelischen Zusammenbruch sein: Ihre Mutter zieht mit ihren Möbeln in Ihr ohnehin schon vollgestopftes Haus; ein Büro wird geschlossen, und die gesamte Einrichtung wird in Ihrem Haus gelagert, weil man keinen anderen Platz dafür gefunden hat; Sie oder Ihr Mann wollen sich selbständig machen — Ihr Haus wird zum Warenlager...

Wenn es Ihre Haushaltsführung ist, die Sie depressiv macht, kenne ich nur einen Weg, um aus der Depression herauszukommen: Die Negativspirale muß ins Gegenteil gekehrt werden, indem Sie die Kontrolle über Ihren Haushalt gewinnen. Der Anfang ist nicht leicht. Doch ein Erfolgserlebnis, so gering es auch sein mag, führt zum nächsten. So entsteht langsam ein neues Muster: das Muster des Erfolgs. Sie haben lange gebraucht, um überhaupt in eine solche Situation zu geraten. So wird es auch eine Weile dauern, bis sie wieder herauskommen.Wichtig ist, daß Sie die richtige Richtung einschlagen. Von Zeit zu Zeit dürfen Sie auch einmal mutlos werden, aber geben Sie nicht auf.

Sie brauchen auch nicht nach Perfektion zu streben. Im Gegenteil: Im nächsten Kapitel werden Sie sehen, daß ein allzu perfekter Haushalt ebenso schlimme Auswirkungen haben kann wie ein chaotischer.

6. Kapitel

Sie wollen doch nicht perfekt sein!

Nichts im Übermaß.
Euripides

Extreme sind immer schlecht. Manchmal hören wir von Leuten, die tot in ihrer Wohnung aufgefunden wurden, weil irgendein Gegenstand auf sie gefallen war, als sie sich einen Weg durch Berge von altem Plunder bahnten. Solch eine Person ist eine 0 auf unserer Meßlatte. Eine 0 würde nie in ein Seminar der „Anonymen Messies" gehen oder dieses Buch lesen.

In der Anfangszeit der „Anonymen Messies" kam einmal ein 0,5er in unser Seminar. Er hatte seine Küchengeräte ausrangiert, um Platz für andere Dinge zu schaffen. An allen Wänden waren Regale angebracht, sie standen sogar mitten im Zimmer, wie in einer Bibliothek. Auf ihnen waren seine verschiedenen Sammlungen ausgestellt. Er hatte achtunddreißig Zeitschriften abonniert und hob alle Ausgaben auf. Vor seinem geistigen Auge sah er bereits den Wert einer vollständigen Sammlung. Jetzt hatte er gerade begonnen, einiges außerhalb seiner Wohnung zu lagern.

Er war zu unserem Seminar gekommen, um hier eventuell neue Anregungen zu erhalten, wie er noch mehr Dinge in seinen nunmehr ziemlich begrenzten Räumlichkeiten unterbrin-

45

gen könnte. Wer aus diesem Grund unser Seminar besucht, gleicht einem, der zu den Weight Watchers[1] geht, um dort zu erfahren, wo man Bekleidung in Übergrößen kaufen kann.

An diesem Abend war ich ziemlich aus der Fassung gebracht. Nicht wegen dieses Mannes, er konnte ja leben, wie er wollte. Aber sein Bericht weckte in mir den sehnlichen Wunsch, auch achtunddreißig Zeitschriftenabos und ein Zimmer voller Regale zu haben. Das war ein erschreckendes und beunruhigendes Gefühl. Ich weiß, wieviel Schaden wahllose Sammlungen anrichten können. Das Gefühl verschwand am nächsten Tag. Ich glaube nicht, daß ich heute noch ein solches Unbehagen empfinden würde, da ich mit meiner Sammelleidenschaft gebrochen habe.

0 oder 0, 5 sind das eine Extrem. Aber 10 ist auch nicht gerade ein erstrebenswerter Zustand. Als Kind lebte ich in Memphis, Tennessee, wo es im Winter sehr kalt wird. Ab und zu bekam ich mit, wie die Kinder einer Nachbarin ihre Mutter baten, sie doch in das warme Haus zu lassen, aber die Mutter ließ sie draußen stehen. Als ich meine Mutter nach dem Grund fragte, erklärte sie mir, die Nachbarin befürchte, ihre Kinder würden das Haus schmutzig machen. Wenn wir die Nachbarin besuchten, wurde mir eingeschärft, ja nichts anzufassen oder im Haus herumzulaufen. Diese Frau war das Musterbeispiel einer 10.

Eine andere Nachbarin spritzte nach jedem Regen ihr Haus ab, da die Außenwände durch den Regen schmutzig geworden waren. Ihr Haus sah auch innen aus wie die Abbildung in einem Werbeprospekt. Ich erwähnte, sie hätte wohl gerade die Küchenschränke frisch gestrichen. „Vor sieben Jahren", war ihre Antwort.

Fragen Sie mich nicht, wie sie das zuwege brachte. Ihr Mann verbrachte einen großen Teil seiner Zeit in einer nahegelegenen Kneipe und zog sich die Schuhe aus, bevor er das Haus betrat. Es ist nicht einfach, mit einer 10 zusammenzuleben.

---

[1] Weight Watchers — Selbsthilfegruppe für Leute mit Gewichtsproblemen

Wir wollen weder eine 0,5, noch eine 10 sein. Die Durchschnittshausfrauen sind auf der Skala zwischen 4 und 6 angesiedelt. Ihre Wohnungen sind meistens in einem befriedigenden Zustand. Das hängt allerdings auch von den Umständen ab. Eine 4-6 wird wohl kaum einen Kurs der Anonymen Messies besuchen, es sei denn, sie hätte den Wunsch, sich in ihrer Haushaltsführung über den Durchschnitt zu erheben. Auch solche Frauen haben die Kurse schon bereichernd gefunden.

7 bis 9 sind Cleanies, eine Spezies, die ich sehr bewundere. Wie schon gesagt, wenn wir Messies unseren Haushalt in den Griff kriegen wollen, müssen wir diesen Cleanies nacheifern. Aber wo fangen wir an?

Stand der Haushaltsführung	**Untrügliches Kennzeichen**
☐ 0	Niemand will Ihr Haus betreten.
☐ 1	Nur andere Messies wagen sich zu Ihnen.
☐ 2	Notfalls würden Sie wenigstens ein sauberes Handtuch finden.
☐ 3	Das Geschirr ist sauber, aber ins Bad darf man keinen Blick werfen.
☐ 4	Einmal in der Woche ist Ihre Wohnung makellos rein − zumindest einen Tag lang.
☐ 5	Sie können ein Buch lesen, ohne von Schuldgefühlen überwältigt zu werden.
☐ 6	Die Frau des Pastors kann an der Tür stehen, ohne daß Sie in Panik geraten.
☐ 7	Sie können zweimal wöchentlich Leute zu einem Menü einladen und trotzdem bis 15.30 Uhr mit dem Haushalt fertig sein.
☐ 8	Sie haben Ihre Kinder dazu überredet, den Hund wegzugeben.
☐ 9	Ihre Kinder dürfen nur zu den Mahlzeiten das Wohn- und Eßzimmer betreten (wenn sie ordentlich essen).
☐ 10	Niemand wagt es, Ihr Haus zu betreten.

Teil 2

Zielgerichtet leben

7. Kapitel

Zielsetzung:
Wer kein Ziel hat,
wird es bestimmt erreichen

Man muß einen Traum haben.
Wie können Träume wahr werden,
wenn man keine hat?
Oscar Hammerstein (South Pacific)

Wenn man nicht weiß, wo man hinwill, braucht man gar nicht erst loszugehen. Vielleicht sind Messies mit einer Cleanie-Mutter besser dran als andere — wir wissen, wie schön ein geordneter Haushalt sein kann. Wie angenehm ist es, wenn die Schubladen geordnet sind. Wie wunderbar ist es, Freunde in eine geschmackvoll ausgestattete und aufgeräumte Wohnung einzuladen.

Wenn Sie keine Mutter haben, die Ihnen ein solches Vermächtnis hinterlassen hat, dann lernen Sie jetzt von Freunden, deren Wohnungen Ihnen gefallen. In unserer Gemeinde haben wir häufig Zusammenkünfte bei verschiedenen Gemeindegliedern. Zuerst dachte ich, die Leute hätten extra für diese Treffen aufgeräumt. Doch wenn ich das Bad im ersten Stock oder die Garage betrat oder zufällig in einen offenen Schrank schaute und dort die gleiche Ordnung erblickte wie in dem mehr öffentlichen Bereich, dann war ich mir sicher: So lebten diese Leute immer.

Halloween[2] war eine weitere Offenbarung. Wenn die Mütter mit ihren kleinen Kindern von Haus zu Haus gingen, räumte ich schnell den Krempel in der Nähe der Wohnzimmertür außer Sichtweite. Dann zog ich an allen Fenstern die Vorhänge zu, um ja niemandem Einblick zu gewähren. Von der Eingangstür aus wirkte das Haus also ganz passabel.

Aber ich bemerkte, daß meine Nachbarn die Vorhänge nicht zugezogen hatten. In ihre Fenster konnte man hineinsehen, und, was für mich noch überraschender war, ihre Wohnungen waren ein richtig schöner Anblick. Ich hatte keine Zeit für Schönheit. Ich hatte zu tun, daß ich überhaupt mit dem Nötigsten fertig wurde. Ich begann zu träumen, daß auch mein Haus einmal so schön aussehen würde. Die dekorativ plazierte Statue, der aufgeräumte Raum riefen Neidgefühle hervor. Es war ein konstruktiver Neid, denn er weckte in mir den Wunsch nach Veränderung.

Tagträumerei kann eine ausgezeichnete Sache sein. Untersuchungen haben gezeigt, daß Leute, die hohe Leistungen vollbringen, häufig Tagträumer sind. In ihren Tagträumen setzen sie sich Ziele. Das können Sie auch tun. Lassen Sie kreative Tagträume für sich arbeiten. Mein Traum sieht etwa folgendermaßen aus:

Ich sehe saubere, glänzende Tischplatten, die das warme Lampenlicht reflektieren. Auf den Tischen stehen sorgfältig ausgesuchte Gegenstände. Sonnenlicht und der Schatten eines Baumes spielen auf dem frisch gesaugten Teppich. Ich sehe meine Lieblingsfarben in richtigem Maß eingesetzt. So wird gleich deutlich: Dies ist ein Ort, an dem ich glücklich bin und es mir gut geht.

Ich sehe meine Familie, die sich in ihrem Heim wohl fühlt und gut mit Nahrung und Kleidung versorgt wird. Ich sehe mich selbst voller Energie, weil ich den Haushalt im Griff habe.

---

[2] Halloween: Vorabend von Allerheiligen (31. Oktober), wird auf den brit. Inseln und den USA gefeiert.

Ich sehe, wie ich mich selbst geistlich weiterentwickle, weil ich Zeit und Energie für mein geistliches Leben habe. Ich danke Gott für die Möglichkeit, meine speziellen Gaben für mich selbst und meine Mitmenschen einsetzen zu können.

Nehmen Sie ein Blatt Papier und schreiben Sie Ihren eigenen Traum auf. Wie soll Ihre Wohnung aussehen? Wenn Sie Ihren Traum erst einmal schriftlich festgehalten haben, sind Sie auf dem besten Weg, ihn zu verwirklichen.

Es hat sich als hilfreich erwiesen, Zielvorstellungen genau zu formulieren. Als ich daranging, meinen Haushalt in den Griff zu bekommen, hatte ich nur eine allgemeine nebulöse Vorstellung, daß alles „besser" werden müsse. Schreiben Sie nun auf dasselbe Blatt ein oder zwei Sätze, die Ihr Ziel noch näher definieren. Während des Schreibens kommen Ihre Muskeln schon in Bewegung, und Sie sind bereits auf dem Weg zur Veränderung. Setzen Sie sich ein Ziel für fünf Jahre und ein Lebensziel.

Vaslav Nijinsky, einer der größten Ballettänzer aller Zeiten, ist heute noch berühmt, obwohl es zu seiner Zeit noch keine Filmaufnahmen von seinen Tänzen gab. Man sagt, daß er höher springen konnte als alle anderen Tänzer – ungefähr eineinhalb Meter hoch, und dann hielt er sich ein oder zwei Sekunden in der Luft. Oberflächlich betrachtet schien das unmöglich zu sein. Als man ihn fragte, wie er das zuwege bringe, erwiderte er: „Das ist einfach! Ich habe einfach beschlossen, es zu schaffen." Am folgenden Tag hat er es dann vielleicht nicht mehr geschafft. Doch wenn sich jemand bewußt und entschieden ein Ziel setzt, findet er auch einen Weg, dieses Ziel zu erreichen.

Im Sport gibt es viele, die sich hohe Ziele setzen. Ich sah einmal eine Übertragung der Olympischen Spiele im Fernsehen. Man interviewte einen jungen amerikanischen Läufer, der als zweiter durch die Ziellinie gekommen war. Er sagte dem Reporter, daß er vier weitere Jahre für die nächste Olympiade trainieren würde, bei der er die Goldmedaille zu gewinnen hoffe. „Wenn Sie sich vier Jahre lang dem Trainingsstreß unterziehen, um ein Rennen zu gewinnen – an welchem Punkt könnten Sie am leichtesten versagen? Sind es die Beine?" „Nein", lautete die Antwort, „der Wille."

„Das Geheimnis des Erfolgs", sagte Benjamin Disraeli, „ist die Treue zum Ziel." Winston Churchill drückte das gleiche mit anderen Worten aus: „Gebt niemals auf, gebt niemals auf, nie, nie, nie, nie – sei es groß oder klein, bedeutend oder gering –, gebt niemals auf, es sei denn aus Ehre und gesundem Menschenverstand."

Das Schwerste ist, das Ziel im Auge zu behalten, wenn es anstrengend wird und kein Ende in Sicht ist. Deshalb ist es so wichtig, das Ziel schriftlich festzuhalten. Haben Sie es einmal aufgeschrieben, ist es verbindlicher und verpflichtender. Wenn Sie Ihre Zielvorstellung noch nicht schriftlich fixiert haben, können Sie sie auch an den Buchrand notieren. Wenn Sie dazu ein Blatt Papier genommen haben, legen Sie es in dieses Buch, so daß Sie es wiederfinden.

Damit Sie Ihr Ziel auch erreichen, müssen Sie dreierlei wollen: Veränderung, Engagement und Kontrolle.

Veränderung – Es müssen in vielerlei Hinsicht Veränderungen geschehen, wenn Ihre Situation sich verbessern soll. Aber wir tun uns schwer mit Veränderungen. Unsere jetzige Situation ist uns wenigstens vertraut, und wir haben uns darin eingerichtet, so unbefriedigend sie auch sein mag.

Am schwersten ist vielleicht die Veränderung unseres Denkens. „Kreative Menschen sind eben unordentlich" oder: „Eine Frau mit drei Vorschulkindern kann ihren Haushalt gar nicht in Ordnung halten" oder der schlimmste Gedanke: „Ich bin ein hoffnungsloser Fall" – solche Vorstellungen müssen wir ablegen, sonst werden wir unsere Lage nie verbessern.

Die Wahrheit ist, daß wir alle nach dem Ebenbild Gottes geschaffen sind. Gott ist kein Gott der Unordnung. Das bedeutet zweierlei. Erstens: Es befriedigt uns nicht, wenn wir in Unordnung leben, weil es gegen unsere Natur geht. Zweitens: Wir haben die Kraft, die Kontrolle über unser Leben zu gewinnen.

Gott gebot Adam, die Herrschaft über seinen Lebensbereich anzutreten. Diese Haltung müssen wir auch für unseren Lebensbereich einnehmen — wir wollen auch hier die Herrschaft übernehmen. Ich glaube, es ist Gottes Wille, daß wir den Bereich unseres Lebens, der in unserer Verantwortung liegt, kompetent und sorgfältig verwalten.

Engagement — Das bedeutet Hingabe an ein Projekt. Wenn Ihr Heim Ihnen wirklich etwas bedeutet, setzen Sie alles daran, es in Ordnung zu bringen. Setzen Sie diese Aufgabe an die erste Stelle Ihrer Prioritätenliste.

Kontrolle — Ich habe ja schon davon gesprochen, was für nette Menschen Messies sind. Manche von uns sind so nett und gutmütig, daß wir uns selbst und unseren Familien schaden. Wir sind Kinderbetreuer, Pfadfinderführerinnen und Sonntagsschullehrer. Hier brauchen wir Weisheit und Urteilskraft. Es fällt schwer, Ihnen zu raten, solche doch offensichtlich wertvollen und nützlichen Aktivitäten einzuschränken. Aber ich gebe Ihnen trotzdem diesen Rat. Das Gute ist der Feind des Besten.

Zunächst einmal sind wir für unser eigenes Zuhause verantwortlich, nicht wegen des Hauses, sondern um unser selbst und unserer Familien willen. Unser Heim ist die Basis, von der aus wir in der Welt wirken. Wenn unsere Basis in Ordnung ist und wir einem Plan zur Erhaltung dieser Ordnung folgen, dann können wir nach und nach unser Betätigungsfeld erweitern, bis wir erkennen, wo unsere Grenzen liegen.

Hier setzt die Kontrolle ein. Wenn Sie für Ihre Hilfsbereitschaft bekannt sind, wird man Sie immer wieder bitten, irgendwelche Aufgaben zu übernehmen. Nun ist es an Ihnen, die Kontrolle über Ihr Leben zu übernehmen. Treffen Sie Ihre Entscheidung im Licht Ihrer Prioritäten, und sagen Sie, wenn nötig: „Nein, tut mir leid. Hier kann ich nicht mithelfen."

Vielleicht können Sie einen Alternativvorschlag machen. Wenn Sie gebeten werden, Plätzchen für ein Klassenfest zu backen, fragen Sie, ob es auch gekaufte sein können. Erwartet man von Ihnen, sich bei einer Sammlung für einen guten Zweck zu beteiligen, machen Sie statt dessen eine Spende.

Am schwersten fällt es, zu sich selbst „nein" zu sagen. Da sind all Ihre Hobbies: Töpfern, Gartenarbeit, Schreiben, Malen und Freundschaften pflegen. Wenn es für Sie jedoch momentan die oberste Priorität ist, Ihren Haushalt in den Griff zu bekommen, versprechen Sie sich und Ihren Freunden, daß Sie diese Treffen und Aktivitäten wieder mit neuem Elan aufnehmen werden, sobald Sie die für Sie jetzt wichtige Aufgabe erledigt haben.

Sie haben nur ein begrenztes Maß an Zeit und Kraft. Setzen Sie es so ein, daß Sie Ihre Ziele erreichen.

Das Viereck des Erfolgs

Wie überall, gibt es auch bei der Haushaltsführung Faktoren, die den Erfolgreichen von dem unterscheiden, der nur herumwurstelt und nichts erreicht.

Was unterscheidet Cleanies von Messies? Sie haben ein Erfolgsrezept, ob sie sich dessen bewußt sind oder nicht. Ich stelle es hier einmal in einem „Viereck des Erfolgs" dar:

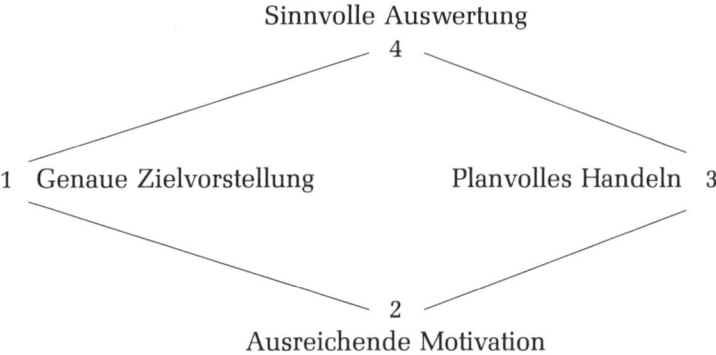

Sinnvolle Auswertung
4

1 Genaue Zielvorstellung   Planvolles Handeln 3

2
Ausreichende Motivation

Wir wollen nun jeden dieser vier Eckpunkte auf unsere Haushaltsführung anwenden.

1. Ziele

Um ein Ziel zu erreichen, muß es genau formuliert werden. Die Aussage: „Ich will nicht mehr so weiterleben", ist zu unkonkret.

Wie wollen Sie leben? Verdeutlichen Sie Ihr Ziel, in dem Sie z.B. folgenden Entschluß fassen: „Ich möchte jederzeit Freunde einladen können, ohne vorher drei Tage schuften zu müssen."

„Ich möchte morgens aufwachen und den Haushalt unter Kontrolle haben, und ich habe einen Plan, um diesen Zustand aufrechtzuerhalten."

Emerson sagte einmal: „Gedanken beherrschen die Welt." Lassen Sie Ihre Gedanken konkret werden. Auch wenn Sie es bereits getan haben, schreiben Sie Ihr persönliches Ziel noch einmal auf diese Linie.

Mein Haushalt soll so aussehen, daß _____

_____

_____

_____

Denken Sie daran: „Wer kein Ziel hat, wird es bestimmt erreichen."

2. Motivation

Sportler wissen, daß 90 Prozent der Trainingsleistung im geistigen Bereich liegen, nur 10 Prozent ist rein körperlicher Kraftaufwand. Sie wissen, daß sie oft deshalb verlieren, weil ihre Erwartungen so niedrig sind. Das Wichtigste ist, daß man eine Siegerhaltung einnimmt. Im Sport muß man mit dem Sieg rechnen, wenn man siegen will.

Um am Morgen in Gang zu kommen, versuchen Sie, sich selbst wie in einem Film zu sehen. Stellen Sie sich vor, wie Sie die geplanten Arbeiten ausführen, wie Sie das aufgeräumte Haus verlassen und in ein Haus zurückkehren, das Stil und Atmosphäre ausstrahlt.

Nun legen Sie Ihre Gefühle in diese Bilder. Fühlen Sie sich entschlossen, während Sie sich bei der Arbeit sehen, fühlen Sie sich glücklich, wenn Ihre Arbeit getan ist.

3. Planvolles Handeln

Wenn wir nur mit halbem Herzen dabei sind, ist das Scheitern schon vorprogrammiert.

In der Bibel steht der Vers: „Alles, was ihr tut, das tut von Herzen als dem Herrn" (Kolosser 3, 23). Aber Sie und ich wissen, daß unser Problem auch oft darin besteht, daß wir nicht wissen, was wir tun sollen, und wann wir es tun sollen. Deshalb sind die Mount-Vernon-Methode und das Kartensystem so wichtig — die werden Sie in Teil III kennenlernen. Hier erhalten Sie einen Plan, wie Sie Ihren Haushalt in den Griff bekommen und diesen Zustand erhalten können. Ohne vorgefaßten Plan ermüden uns oft schon die Überlegungen, was wir eigentlich tun sollen. Wenn Sie aber einen Entschluß gefaßt haben, setzen Sie ihn entschlossen in die Tat um.

Eine Frau wurde einmal nach dem Geheimnis ihres Erfolgs gefragt. Sie gab zur Antwort: „Wenn ich arbeite, arbeite ich hart, und wenn ich sitze, sitze ich entspannt."

Arbeiten Sie hart, und setzen Sie sich **hinterher** entspannt hin.

Ein Wort zur Warnung: Planen Sie am Anfang nicht zu viel. Sonst werden Sie bald erschöpft aufgeben. Gönnen Sie sich einen freien Tag in der Woche.

4. Sinnvolle Auswertung

Wir sind manchmal versucht, einen Plan in Gang zu bringen und einfach immer weiterzumachen, nicht weil der Plan funktioniert, sondern weil wir es so geplant haben. Hier müssen wir innehalten und prüfen, ob unser Plan überhaupt sinnvoll ist.

Der New Yorker Bürgermeister Ed Koch ist dafür bekannt, daß er häufig fragt: „Wie mache ich den Job?" Stellen Sie sich von Zeit zu Zeit immer wieder die Frage: „Wie mache ich's eigentlich?"

Jetzt haben Sie sich ein festes Ziel gesetzt und es auch schriftlich festgehalten. Wir können uns nunmehr den fünf Problembereichen eines Messie-Haushalts zuwenden. Im Anschluß daran finden Sie einen Test, mit dessen Hilfe Sie die Bereiche bestimmen können, mit denen sie die größten Schwierigkeiten haben.

8. Kapitel

Fünf Fallgruben für
den Wanderer im Messieland

*Wenn Sie eine goldene Regel wollen, die für jeden gilt, hier
ist sie: Behalten Sie nichts im Haus, von dem Sie nicht sicher
sind, ob es nützlich ist oder das Sie nicht für schön halten.*
Walter Kitteredge

Wie schon gesagt, die Probleme mit der Haushaltsführung
kann man, wie es scheint, in fünf Hauptgruppen einteilen.
Einige überschneiden sich ein wenig. Aber ich bin sicher, daß
Sie sie leicht erkennen können, um sich mit denen zu befassen, die Sie am meisten betreffen.

1. Lagerung und Organisation

Dazu gehört, die Schubladen und Schränke in einem auf-
geräumten Zustand zu erhalten sowie die Lagerung selten
benutzter Gegenstände, wie Weihnachtsdekorationen oder
Glühbirnen. Die Lösung des Aufbewahrungsproblems ist die
Grundlage für alle anderen Hausarbeiten. Wenn Sie für Ihre
Sachen keinen Platz haben, wie können Sie sie dann aufräumen?

Nur wenige Menschen sehen das Durcheinander in unseren Schränken, aber sie sehen die Folgen. Wenn Sie in der

ganzen Wohnung nach dem Telefonbuch, Schlüsseln oder was auch immer suchen, muß dieser Problembereich unter die Lupe genommen werden.

2. Ordnung und Sauberkeit

Manche Leute behaupten, daß in ihren Schubladen und Schränken wohl ein ziemliches Durcheinander herrsche, ihre Zimmer aber seien ordentlich. Das ist für mich schwer zu verstehen, denn das, was zu dem Durcheinander in meinen Schränken führte, schuf auch das Chaos in den Zimmern.

Ob wir ein Problem mit Ordnung und Sauberkeit haben, erkennen wir am besten an den Gefühlen, die in uns aufkommen, wenn wir unerwartet Besuch erhalten. Wie viele solcher Besucher wurden schon im Hof abgefertigt, weil wir für unerwarteten Besuch nicht gerüstet waren. Wie viele Einladungen sind nicht ausgesprochen worden, weil die vorherigen Reinigungs- und Aufräumungsarbeiten zu viel Zeit in Anspruch nehmen würden. Das ist schade, denn Messies sind häufig warmherzige und gesellige Menschen, denen es Freude bereiten würde, ihr Haus mit anderen zu teilen und Freunde einzuladen. Aber der Zustand des Hauses erlaubt das eben nicht.

3. Papiere

Wo kommen nur all diese Zeitungen und Zeitschriften her? Die Kinder bringen sie von der Schule mit. Die Zeitungsjungen werfen sie in den Briefkasten. Der Postbote bringt sie ins Haus. Manchmal kaufen wir noch welche am Kiosk. Und dann werden uns noch Reklameblättchen unter die Windschutzscheibe geklemmt.

Aber das macht uns nichts aus, oder? Diese Magazine sind so interessant. Manche geben richtig gute Tips, und Messies sind sehr praktische Menschen. Zeitungen sind ja auch wichtig. Es stehen z. B. Hinweise für die Steuererklärung drin oder

was die Kinder in der Schule machen. Für Zeitungen und Zeitschriften haben wir eine besondere Schwäche. Wir müssen
sie einfach aufheben.

4. Finanzen

Dieser Lebensbereich muß unbedingt organisiert werden,
oder er endet im Chaos. Eine Rechnung muß man nicht sofort
begleichen. So ist man versucht, sie beiseite zu legen und
schließlich völlig zu vergessen. Mit Bankangelegenheiten ist es
das gleiche. Der Kontoauszug kommt so unspektakulär und
ordentlich in einem Umschlag verpackt, daß wir ihn am liebsten gleich darin lassen. So liegen die stornierten Schecks
jedenfalls alle irgendwo beieinander, und das ist beruhigend.
   Aber es ist natürlich keine befriedigende Lösung für unser
Scheckproblem. Einige meiner Seminarteilnehmer berichte-
ten, daß sie zwei Konten hätten, die sie bei Bedarf abwech-
selnd benutzen, um den Überblick zu erhalten, wann die Kon-
tostände wieder ausgeglichen sind. Eine Frau erzählte mir, sie
habe sogar ein weiteres Konto bei einer anderen Bank eingerichtet. Ein Konto ließe sie so lange stehen, bis alle Schecks
eingegangen sind und sie es unter Kontrolle habe. Das war für
sie die einzige Möglichkeit, festzustellen, wieviel Geld sie auf
dem Konto hatte.
   Ich kann das sehr gut verstehen. Auch für mich ist es nicht
leicht, den Überblick über diese Geldbewegungen zu behalten. Da ich leicht ablenkbar bin, fällt es mir schwer, genaue
Aufzeichnungen über die Ein- und Ausgänge zu führen. Tut
man das jedoch nicht, wird man bald „ins Schleudern geraten".

5. Sammeln

Das Wort *sammeln* trifft eigentlich nicht unser Problem. Denn
zu einer richtigen Sammlung gehört System, und das fehlt
natürlich in unserem Fall. Hier handelt es sich eher um ein

starkes Bedürfnis, eine Menge Dinge aufzubewahren, „die man vielleicht eines Tages noch brauchen kann". Oder man hebt sie als Erinnerungsstücke auf.

Warum horten wir so viele Dinge, und weshalb fällt es uns so schwer, uns von ihnen zu trennen? Entweder haben wir die Vergangenheit oder die Zukunft im Blick, sicher aber nicht die Gegenwart, die wir uns mit unseren Sammlungen nur verleiden.

Wir meinen, wir müßten an Dingen aus der Vergangenheit festhalten, weil wir auf diese Weise eine schöne Erinnerung erhalten. Die Dinge, die wir aufbewahren, erinnern uns an eine wichtige Person oder ein bedeutendes Ereignis in unserem Leben. Wir behalten sie aus Respekt. Das ist ein besonderes Problem, wenn wir den Nachlaß eines Verstorbenen aufheben. Eine meiner Kursteilnehmerinnen fühlte sich verpflichtet, mehrere voll möblierte Häuser zu behalten, da sie aus dem Nachlaß ihr nahestehender Menschen stammten. Die gleiche Frau hatte vier Schränke voller Kleider, die ihr viel zu groß waren. Sie stammten von ihrer angebeteten Schwiegermutter, deren Andenken sie somit bewahren wollte. Eine mir bekannte Witwe war der Meinung, daß sie einen Teil ihres Mannes wegwerfe, wenn sie sich von irgend etwas trenne, das einmal ihm gehört hatte. Ich glaube, daß jemand, der uns wirklich geliebt hat, wünschen würde, daß wir unser Leben in der Gegenwart führen und uns nicht an die Vergangenheit klammern.

Wir heben auch Dinge für die Zukunft auf − für den Fall, daß wir sie einmal brauchen. Wir sorgen vor für potentielle Bedürfnisse oder Notfälle. Opfern Sie der Zukunft nicht die Gegenwart. Das ist nicht besser, als in der Vergangenheit zu leben.

Wir heben auch Sachen auf, weil sie wertvoll sind. Alles hat ja irgendwie seinen Wert. Ich entfernte einmal die Metallteile aus einigen BHs. Können Sie sich vorstellen, daß ich es nicht übers Herz brachte, sie fortzuwerfen? Für irgend etwas werden sie schon zu gebrauchen sein, dachte ich. Ich sollte sie lieber aufbewahren. Vielleicht könnte ich sie zusammenkleben und Weihnachtsschmuck daraus basteln. Vielleicht kann man die Metallteile tatsächlich einmal verwenden. Aber wer sagt, daß ich alles aufheben muß, was einmal irgendeinen Wert haben könnte? Ich warf sie fröhlich fort, als ich das begriffen hatte.

Meine Mutter, die, wie Sie ja wissen, ein Cleanie ist, erzählte mir gestern von dem „Flohmarkt", den sie in ihrer Garage organisiert hatte. „Hier sieht es jetzt richtig gut aus. Ich bin alles losgeworden, was ich nicht mehr brauche. Jetzt sind die Schrankböden frei, und in den Schubladen liegt nur das, was ich wirklich benötige. Es ist wunderbar, einfach wunderbar!" Von gelegentlichen Besuchen bei ihr kann ich bestätigen, daß ein solches Leben wirklich wunderbar ist. Es liegt eine gewisse Freiheit darin, nicht mehr zu besitzen, als man braucht, nicht mehr, als man arbeitsmäßig bewältigen kann.

Aber der Sammeltrieb ist schwer zu kontrollieren, weil Sammeln, oberflächlich betrachtet, so logisch erscheint. Diese Wolle muß doch aufgehoben werden! Eines Tages werden Sie vielleicht stricken lernen. Da ist es doch praktisch, wenn Sie schon das Material im Haus haben (wenn Sie es dann noch finden)! Auch die einmal verschriebenen Medikamente sollte man am besten aufheben. Es könnte doch sein, daß Ihr Kind einmal mitten in der Nacht ernsthaft erkrankt und der Arzt meint, daß ihm nur *ein* Medikament helfen kann. Sie schauen in den Schrank und entdecken, daß Sie *genau diese* Medizin haben, wenn sie auch schon zehn Jahre alt ist. Der Arzt wird sagen, ein zehn Jahre altes Medikament sei besser als gar keines. Sie werden dem Kind die Medizin verabreichen und so sein Leben retten. Sie sehen, es ist geradezu gefährlich, etwas wegzuwerfen!

Das Problem ist nur, daß dieses Denken in der Realität nicht funktioniert. Wir sammeln alle schönen Dinge, die uns in die Hand fallen, und auch manche, die nicht so schön sind. Bald verlieren wir jedoch den Überblick über unsere „Schätze", und wenn wir tatsächlich einmal etwas brauchen, finden wir es nicht.

Die „Dinge" übernehmen die Kontrolle über uns und unser Leben. Es wird immer problematischer, all diesen Krempel unterzubringen. Dennoch bringen wir es nicht über's Herz, uns von irgend etwas zu trennen. Am Ende besitzen wir so viel Plunder, daß es schier unmöglich wird, die Wohnung zu reinigen und in Ordnung zu halten.

Ich sage nicht, daß wir alles wegwerfen müssen. Aber wir müssen unsere Sammelwut in den Griff bekommen, wenn wir diesem Teufelskreis jemals entrinnen wollen.

Nicht jeder ist bereit, seine Sammelleidenschaft zu zügeln, aber Ihre Chancen stehen gut. Sie haben dieses Buch gekauft, weil Sie wollen, daß sich in Ihrem Leben etwas ändert, und weil Sie wissen, daß es im Leben Wichtigeres gibt, als einen Haufen Krempel anzusammeln. Sie brauchen in Zukunft nicht mehr in die Fallen zu tappen, die Sie zum Sammeln verführen. Zunächst gilt es zu erkennen, welche der fünf Fallen Ihr größtes Problem ist. Im nächsten Kapitel können Sie feststellen, an welchem Punkt Sie sich in dem Teufelskreis des Messielebens befinden.

Wo steht geschrieben ...

◆ daß ein Schrank ohne Tür kein Schrank ist?

◆ daß Sammlungen wachsen und mit der Zeit jeden
verfügbaren Platz einnehmen müssen?

◆ daß alles, was sechs Monate nicht benutzt wurde,
automatisch in den kleinsten Raum des Hauses
wandert?

◆ daß ein Schriftstück erst wichtig wird, wenn es
verlorengeht?

◆ daß ein „Sammler" immer einen „Wegwerfer" heiratet
und sich immer durchsetzt?

9. Kapitel

Eine
persönliche Auswertung

Ein Problem zu lösen ist die beste Art, es loszuwerden.
Brendan Francis

Jetzt kennen Sie die fünf großen Fallen, die uns Messies die meisten Schwierigkeiten bereiten, und Sie wollen jetzt sicher wissen, welcher Bereich Ihnen persönlich die meisten Probleme bereitet. Der folgende Test wird Ihnen helfen, sowohl Ihre Stärken als auch Ihre Schwächen zu erkennen.

Geben Sie auf jede Aussage die Antwort, die am besten Ihre gegenwärtige Situation trifft. Widerstehen Sie der Versuchung, so zu antworten, wie Sie es für *richtig* halten. Dann werten Sie den Test mit Hilfe des Antwortschlüssels aus. Nun sehen Sie, welchem dieser Problembereiche Sie die größte Aufmerksamkeit widmen müssen, wenn Sie nicht länger ein Messie sein wollen.

Antworten Sie auf die folgenden Aussagen mit „richtig" oder „falsch":
- 1. Es fällt mir schwer, Zeitungen wegzuwerfen; vielleicht hab' ich irgend etwas Wichtiges noch nicht gelesen.
- 2. Ich löse alle Gutscheine ein.
- 3. Wenn ich Gäste zum Abendessen einlade, brauche ich für die Vorbereitungen den ganzen Tag.

67

- 4. Ich plane das Bezahlen meiner Rechnungen und hebe die Belege an einem Platz auf.
- 5. Ich besitze noch das Programm des Tanzstundenabschlußballs (oder von einem ähnlichen Ereignis).
- 6. In meinem Medizinschrank liegen Medikamente, die über fünf Jahre alt sind.
- 7. Ich kenne den Stand meines Girokontos.
- 8. Ich schließe meine Schlafzimmertür, wenn Gäste kommen.
- 9. Es ist praktisch unmöglich, Gäste in meine Wohnung einzuladen.
- 10. Ich wüßte, was ich mit einem einzelnen Schnürsenkel oder einer Glühbirne anfangen würde.
- 11. Ich behalte Zeitschriften, in denen gute Artikel stehen.
- 12. Ich schneide Zeitungsartikel aus, habe aber kein bestimmtes System, um sie aufzubewahren und wiederzufinden.
- 13. Meine Rabattmarken habe ich unter Kontrolle.
- 14. Meine Bettwäschegarnituren sind passend zusammengelegt.
- 15. Unangemeldete Besucher sind mir äußerst unangenehm.
- 16. Ich plane die Mahlzeiten während des Einkaufens.
- 17. Meine Putzutensilien sind da, wo ich sie brauche.
- 18. Zu meinem regelmäßigen Reinigungsprogramm gehört auch das Säubern des Backofens.
- 19. Ich kann manche Schmuckstücke nicht mehr finden.
- 20. Ich kaufe Dinge, die ich nicht brauche, falls ich sie eines Tages doch einmal benötigen sollte.

Das wären die richtigen Antworten

1. F (S)	6. F (S)	11. F (S)	16. F (O)
2. R (P)	7. R (F)	12. F (P)	17. R (O)
3. F (R)	8. F (R)	13. R (P)	18. R (O)
4. R (F)	9. F (R)	14. R (O)	19. F (O)
5. F (S)	10. F (O)	15. F (R)	20. F (S)

Auswertung

Nun ordnen Sie alle Ihre davon abweichenden Antworten den nachstehenden Buchstaben zu:

S = Sammeln, P = Papiere, O = Organisation, F = Finanzen, R = Reinlichkeit

Zählen Sie zusammen, wie oft Sie bei jedem Buchstaben „schlecht abgeschnitten" haben.

Multiplizieren Sie jede Antwort bei S mit 4   Ergebnis ___
Multiplizieren Sie jede Antwort bei P mit 6   Ergebnis ___
Multiplizieren Sie jede Antwort bei O mit 3   Ergebnis ___
Multiplizieren Sie jede Antwort bei F mit 10   Ergebnis ___
Multiplizieren Sie jede Antwort bei R mit 5   Ergebnis ___

Der Bereich mit der höchsten Punktzahl ist vermutlich derjenige, mit dem Sie sich am meisten befassen müssen. Vielleicht haben Sie jedoch den subjektiven Eindruck, daß ein anderer Bereich Ihnen mehr Schwierigkeiten bereitet. In diesem Fall gehen Sie mit Intuition an die Sache heran.

Nun erstellen Sie eine Prioritätenliste für Ihre Problembereiche. So haben Sie bei der Umorganisierung Ihres Haushalts immer vor Augen, welche Bereiche Ihren größten Einsatz erfordern.

GRÖSSTES PROBLEM   1 _____

                        2 _____

                        3 _____

                        4 _____

KLEINSTES PROBLEM   5 _____

Wenn Sie Ihre speziellen Problembereiche so aufgelistet haben, wird es leichter sein, sie in den Griff zu bekommen. Jetzt sind Sie auf dem besten Weg, Ihren Haushalt effektiv zu meistern. Im nächsten Teil dieses Buches verrate ich Ihnen, wie ich die Kontrolle über meinen Haushalt gewann, das System, mit dessen Hilfe ich alles in den Griff bekam und auf welche Weise ich diesen nunmehr erfreulichen Zustand erhalte.

Teil 3

Das System

10. Kapitel

Die Mount-Vernon-Methode: Wie ich alles in den Griff bekam

Man kann fast überall Erfolg haben, wenn man genügend Begeisterung für die Sache aufbringt.
Charles Schwab

Das erste, was Sie bei der Neuorganisation Ihres Haushalts kennenlernen müssen, ist die Mount-Vernon[3]-Methode. Als ich vor ein paar Jahren verzweifelt nach einem Ausweg aus dem Dilemma meiner schlechten Haushaltsführung suchte, erzählte mir eine Cleanie-Freundin von der Mount-Vernon-Methode. Anläßlich eines Besuches der Gedenkstätte war sie so beeindruckt von der guten Instandhaltung des Gebäudes, daß sie die dortige Hauswirtschaftsleiterin nach der Methode der Instandhaltung des Gebäudes befragte, die diese ihr bereitwillig erklärte.

Das Reinigungspersonal wurde angewiesen, an der Eingangstür mit der Arbeit zu beginnen und sich dann allmählich ins Innere des Gebäudes vorzuarbeiten. Sobald ein Raum fertiggestellt ist, nehmen sie den nächsten in Angriff, bis auch dieser sauber und aufgeräumt ist. Sie beginnen am frühen

---

[3] Nationale Gedenkstätte zu Ehren George Washingtons, 20 km südlich von Alexandria, Virginia, am Potomac River (Anmerkung der Übersetzerin).

Morgen und arbeiten, bis die Gedenkstätte für den Publikums-verkehr geöffnet wird. Kurz vor der Öffnungszeit werden die Putzutensilien eingesammelt, und das Reinigungspersonal verläßt das Haus. Am nächsten Tag fangen sie dort an, wo sie am Vortag aufgehört hatten, und arbeiten sich wieder von einem Zimmer zum anderen vor, bis es Zeit ist, das Gebäude zu verlassen.

Mount Vernon sauberzuhalten ist nicht so schwer. Dort ist nicht George, der alles wieder durcheinanderbringt! Ich ent-schloß mich, diese Methode nicht zum Saubermachen zu benutzen, sondern als eine Methode zur Organisation. Ich begann also an der Eingangstür.

Das erste Möbelstück neben meiner Eingangstür war ein Lampentischchen mit einer kleinen Schublade. Nachdem ich diese kleine Schublade gereinigt und mehrere alte Schülerka-lender, vergilbte Kleinanzeigen und eine Menge anderen Krempel weggeworfen hatte, hatte ich das Gefühl, zu allem bereit zu sein.

Als nächstes kam ein Möbelstück im Wohnzimmer dran. Dieses hatte bereits sechs Schubladen; in zwei davon hatte ich jahrelang keinen Blick mehr geworfen. Ich fürchtete mich tat-sächlich davor, sie zu öffnen. Warum hatte ich solche Angst? Ich glaubte wohl, ich würde nicht in der Lage sein, das, was ich dort finden würde, zu bewältigen, daß meine Entschlußfreu-digkeit, endlich die Organisation meines Haushalts in Angriff zu nehmen, einen empfindlichen Dämpfer erhalten würde.

Aber nachdem ich nochmals darüber geschlafen hatte, öff-nete ich schließlich doch die Schubladen. Dort fand ich nichts Spektakuläres, es war alles ganz leicht zu bewältigen. Ich mußte keine schwerwiegenden Entscheidungen treffen. Ich bin heute noch erstaunt, welche irreale Furcht ich wegen die-ser Schubladen hatte.

Im Verlauf meiner Aufräumungsarbeiten warf ich Medizin fort, die schon zwölf Jahre lang in meinem Medikamenten-schrank gelegen hatte. In meinem Kleiderschrank entdeckte ich meine Brautschuhe. Sie waren dreiundzwanzig Jahre alt und an einem fehlte eine Schnalle. Im übrigen hatten sie mir auch schon früher nicht richtig gepaßt. Ich hatte jedoch gedacht, daß ich die Schnalle vielleicht eines Tages wiederfinden und die Schuhe wieder in Mode kommen würden. (Das kann man nie wissen. Es geschehen noch Zeichen und Wunder.)

Ich hab' die Schuhe weggeworfen. Ich wollte meine Gegenwart nicht länger durch Erinnerungsstücke aus der Vergangenheit belasten, und wenn sie noch so angenehme Gedanken wecken. Messies sind hoffnungslos sentimental.

Sie müssen die Organisation ihres gesamten Haushalts im Blick behalten. Wir glauben, daß wir alles können, weil wir in anderen Bereichen unseres Lebens kompetent sind. Doch selbst der fähigste Mensch kann nicht arbeiten, wenn nichts organisiert ist.

Das Wichtigste an der Mount-Vernon-Methode ist, daß wir nichts überstürzen. Man ist versucht, wie eine Wahnsinnige zu schuften, weil man so frustriert ist. Lassen Sie die Sache also langsam anlaufen. Sie werden auch nach dieser Methode Ihr Haus nicht an einem Tag in Ordnung bringen (ich brauchte dreieinhalb Monate dazu).

Stellen Sie sich die Sache nicht wie einen Kurzstreckenlauf, sondern wie einen Marathon vor. Beim Sprint läuft man nur eine kurze Strecke und setzt daher gleich zu Beginn seine ganze Kraft ein. Beim Marathon muß man die Kräfte einteilen, weil man ja bis zum Ende durchhalten will. Haushaltsführung gleicht einem Marathon, laufen Sie langsam, aber stetig. Es macht doch nichts, wenn Sie den großen Schrank nicht an einem Tag schaffen, ordnen Sie ihn Fach für Fach.

Wenn Sie für heute genug gearbeitet haben, hören Sie auf. Morgen ist auch noch ein Tag. Nehmen Sie sich einen freien Tag in der Woche, auf den Sie sich freuen können. Ich rate Ihnen auch, die Küche zuallerletzt in Angriff zu nehmen. Küchen sind für Fortgeschrittene!

Manchmal kam ich an einen Punkt, wo ich das Gefühl hatte: *Das hier schaffe ich nicht!* Dann tat ich zweierlei: 1. Ich nahm einen zusätzlichen Tag frei. 2. Ich gönnte mir eine besondere Belohnung, sobald ich „diese unangenehme Sache" hinter mich gebracht hatte. So hielt ich bis zum Ende durch!

Bevor Sie anfangen, machen Sie sich eine Aufstellung von Haushaltsarbeiten (vielleicht drei bis sieben), die Sie täglich erledigen wollen, ehe Sie Ihr Haus nach der Mount-Vernon-Methode organisieren. Denken Sie daran, daß wir diese Methode als eine Hilfe zur Organisation, nicht zum Hausputz, nutzen wollen.

Beginnen Sie an der Eingangstür und mit dem ersten Möbelstück, das Fächer oder Schubladen aufweist. Bei der Arbeit haben Sie drei Kartons neben sich: eine Wegwerfkiste, eine Aufbewahrungskiste und eine für Dinge, die sie verschenken wollen. Jetzt öffnen Sie die erste Schublade.

Werfen Sie alles Gerümpel fort, das sich dort angesammelt hat. Und machen Sie ernst. Behalten Sie nicht den Kugelschreiber, der kaum noch funktioniert, oder den Kalender vom letzten Jahr, auch wenn so schöne Bilder darin sind. Ihre Befreiung vom Chaos ist wichtiger als diese Dinge. Was zu gut ist, um weggeworfen zu werden, kommt in die Verschenkkiste. Geben Sie die Sachen möglichst schnell weg!

Zwei Punkte zur Warnung:

1. Nehmen Sie nichts mehr aus der Verschenkkiste heraus, was Sie einmal hineingelegt haben.

2. Warten Sie nicht auf den richtigen Zeitpunkt oder die richtige Person, an die Sie die Dinge verschenken können. Werden Sie sie ganz schnell los. Heben Sie das Matchboxauto nicht für Mariannes Sohn auf, der Matchboxautos sammelt. Warten Sie auch nicht auf einen Flohmarkt, wenn nicht zufällig in nächster Zeit einer stattfindet.

Gehen Sie bewußt das Risiko ein, daß Sie das, was Sie eben aussortiert haben, vielleicht später einmal brauchen. Ein Messie, der auf dem besten Weg ist, eine gute Hausfrau zu werden, schrieb mir folgendes:

„Ich kann ehrlich sagen, daß wir noch nie etwas vermißt haben, was wir einmal ausrangiert hatten — mit einer Ausnahme: Einmal haben wir ein altes Bett ersetzt und verkauft, das wir später einmal hätten gebrauchen können. Die Kosten beliefen sich auf fünfundsiebzig Dollar – ein kleiner Preis für die Tatsache, daß wir das Zimmer drei Jahre lang nutzen konnten. Dieses Zimmer war früher nur mit Gerümpel vollgestopft gewesen!"

Es mag zwar momentan schmerzlich sein, sich von manchen Dingen trennen zu müssen – sie zu behalten, ist auf die Dauer noch schmerzlicher. Sachen wegzuwerfen bedeutet geringe Schmerzen, verglichen mit der Pein, hilflos all dem überflüssigen Krempel ausgesetzt zu sein. Es stellt sich ein herrliches Gefühl der Freiheit ein, wenn einmal der Entschluß gefaßt ist, die Kontrolle über den Haushalt zu gewinnen.

In die Aufbewahrungskiste kommen die Dinge, die nicht ausrangiert werden müssen, aber am falschen Platz sind. Laufen Sie nicht fort, um sie an einer anderen Stelle unterzubringen, das stört nur Ihre Konzentration. Es besteht auch die Gefahr, daß Sie nicht mehr zu Ihrer angefangenen Arbeit zurückkehren. Lassen Sie die Sachen im Karton, bis Sie mit dem Aufräumen dort angelangt sind, wo die betreffenden Dinge hingehören.

Es spielt keine Rolle, wie schnell Sie die Mount-Vernon-Phase hinter sich bringen. Was zählt ist, daß Sie an Ihren Bemühungen und Ihrer Entscheidung festhalten, diese Aufgabe zu bewältigen. Das heißt nun nicht, daß ich nur ein wenig Willenskraft aufbringen mußte, um Ordnung in meinen Haushalt zu bringen. Bei mir hat auch die Methode mit der Willenskraft mit den Jahren versagt, wie alles andere. Nein, hier war ein *System* nötig – und ganz bestimmte Hilfsmittel.

11. Kapitel

Die magischen Schlüssel zur Ordnung

Jeder Messie kann Ihnen bestätigen, daß das wahre Problem der Haushaltsführung nicht darin liegt, das Haus in Ordnung zu bringen. Das Problem ist, diesen Zustand aufrecht zu erhalten! Es gibt vier Hilfsmittel, die Ihr ganzes Leben im Zustand der Ordnung erhalten. Das ist das *Kartensystem*, der *Karteikasten*, das *Notizbuch* und die *Ablage*.

Das Kartensystem: Der magische Schlüssel zur Ordnung

Klingt das nicht komisch − *Der magische Schlüssel zur Ordnung*? Doch liegt tatsächlich eine Art Zauber im Kartensystem: Es funktioniert, und Listen funktionieren nicht!

Das Kartensystem ist das Herzstück des Organisationsprogramms der Anonymen Messies. Viele Bücher über Haushaltsführung geben den Rat: „Erstellen Sie einen Plan für Ihre täglichen Hausarbeiten." Manchmal wird noch eine beispielhafte Liste mitgeliefert, damit man sich die Sache vorstellen kann.

Nun, ich erstellte solche Listen − in der Regel auf Betreiben meines entnervten Ehemanns, der immer wieder den Satz sagte: „Irgendwas muß hier geschehen." Dann legte ich die Liste entweder auf einen Stapel, wo sie mit Sicherheit in Vergessenheit geriet, oder ich befestigte sie am Kühlschrank. Dort gewöhnte ich mich so an ihren Anblick, daß ich sie am Ende gar nicht mehr „sah" und sie demzufolge auch nicht vermißte, als sie eines Tages zwischen Kühlschrank und Theke verschwand.

Irgendwie hatte ich auch kein Vertrauen in die Qualität der Listen. Ich respektierte sie nicht. Vielleicht waren sie wirklich schlecht. Vielleicht hatte ich nicht jede Arbeit aufgeführt, oder die Zeitangaben stimmten nicht.

Dann sahen diese Listen auch schlampig aus. Sie waren handgeschrieben und chaotisch, wie alles, was ich in Angriff nehme. Wer könnte einem losen, schmuddeligen, handgeschriebenen Stück Papier Respekt abgewinnen, das einem sagt, wie man leben soll? Ich ärgerte mich über die blöde Liste, die mir aufgrund meiner mangelhaften Haushaltsführung aufgezwungen worden war!

Aber ein System ist unumgänglich. Eines Tages, als ich in der Badewanne meinen Gedanken nachhing, kam mir die Idee mit dem Kartensystem. Einfach ausgedrückt, besteht das Kartensystem aus einem Ringbuch, das vierundzwanzig Karten in Plastikhüllen enthält. Die Karten sind auf einem festen Hintergrund versetzt angeordnet. Dieses System wird auch benutzt, um Photos aufzubewahren.

Sie können jede Karte hochklappen, um die darunterliegende zu sehen. Auf diese Karten wollte ich Informationen notieren, die mir bei der Hausarbeit und bei der Planung der Mahlzeiten von Nutzen sein würden. Auf drei Karten schrieb ich den Speisezettel für drei Wochen. Auf drei weitere Karten kamen tägliche Haushaltsarbeiten wie „Bettenmachen", „Geschirr spülen" usw., ebenfalls für einen Zeitraum von drei Wochen. Auf den restlichen Karten waren die anderen Arbeiten, die nicht täglich erledigt werden (wie Küche putzen), über einen dreiwöchentlichen Zeitraum verteilt. Manche dieser Arbeiten werden wöchentlich, andere zweimal in der Woche, andere vielleicht in einem Turnus von drei Wochen erledigt.

Wenn Sie die Karten nach den Bedürfnissen Ihres Haushalts beschriftet haben, werden sie in die Plastikhüllen gesteckt, wo sie geschützt und in der richtigen Reihenfolge auf-bewahrt werden.

Sie haben also jetzt in Ihrem Kartensystem einen Plan für das tägliche Reinigungsprogramm sowie einen Speiseplan für drei Wochen. Lassen Sie mich Ihnen die Vorzüge dieses Systems schildern, damit Sie es ein wenig besser verstehen.

Das Kartensystem verhilft Ihnen zu einem leicht einzuhal-tenden täglichen Arbeitsprogramm. Der Haushalt wird nicht immer perfekt aussehen, aber mit Hilfe des Kartensystems wird er immer in einem akzeptablen Zustand sein. Als ich begann, mit Hilfe der Mount-Vernon-Methode meinen Haus-halt zu organisieren und dazu täglich einige Arbeiten aus mei-nem Kartensystem verrichtete, zeigte mein Haushalt in nur drei Wochen bemerkenswerte Veränderungen. Sie können das Kartensystem jedoch erst dann erfolgreich anwenden, wenn Sie Ihren Haushalt vorher mit Hilfe der Mount-Vernon-Methode in Ordnung gebracht haben.

Ein weiterer Vorteil des Kartensystems ist der Speiseplan. Hier sollen Sie Zeit sparen. Diese Idee kam mir, als ich etwas über Ethel Kennedy las. Sie erstellt einen zweiwöchentlichen Speiseplan, an den sie sich auch hält. Nach zwei Wochen wird der Plan wiederholt. Dasselbe tun wir auch. Aber wir erstellen sogar einen Plan für drei Wochen!

„Wird das nicht mit der Zeit eintönig?" werden Sie jetzt ein-wenden. Eigentlich nicht. Untersuchungen haben nachgewie-sen, daß ohne Planung zu 80 Prozent immer wieder die glei-chen zehn Gerichte auf den Tisch kommen. Es ist nicht leicht, sich einundzwanzig verschiedene Mahlzeiten auszudenken. Vielleicht möchten Sie bestimmte Lieblingsgerichte Ihrer Familie öfter als einmal während dieser drei Wochen aufti-schen. Einen Wochentag können wir auch „freilassen" für spontane Einfälle, jahreszeitlich bedingte Gerichte oder ein ganz besonderes Feinschmeckeressen.

Sie können diesen Speiseplan ja auch alle paar Monate ändern. Der Speiseplan für eine Woche hat auf einer Karte Platz, die im Kartensystem untergebracht wird. Jetzt haben sie einen dauerhaften Speiseplan, mit dessen Hilfe Sie eine dauerhafte Einkaufsliste erstellen können — eine Liste für den Speiseplan einer Woche. Ich weiß nicht, wie es Ihnen geht, aber ich mache nicht gerne Einkaufslisten. Jetzt wird das nicht mehr nötig sein. Stecken Sie die Liste hinter die Karte mit dem Speiseplan in die Plastikhülle. Dann brauchen Sie sie nur herauszunehmen, wenn Sie für die betreffende Woche einkaufen. Sie können auch eine doppelte Ausfertigung in Ihr Notizbuch legen. So haben Sie die Liste parat, wenn Sie einmal unerwartet an einem Laden vorbeikommen (das Notizbuch wird an anderer Stelle in diesem Kapitel beschrieben).

Noch ein Vorteil des Speiseplans: Vielleicht brauchen Sie für manche Gerichte ein Rezept. Statt nun jedesmal im Kochbuch nachzuschlagen, kopieren Sie das Rezept und bringen es in einer Plastikhülle über dem Wochenplan unter. So haben Sie es immer zur Hand, und es bleibt von Fettspritzern oder Flecken verschont.

Der Karteikasten

Nach dem Kartensystem ist der Karteikasten das zweitwichtigste Hilfsmittel in unserem Organsisationsprogramm. Unterschätzen Sie nicht den Wert des Karteikastens, sondern machen Sie ihn zu einem Teil Ihres Programms. Er wird Ihr Leben rationalisieren und Ihre diversen Papierstapel reduzieren. Er dient in erster Linie dazu, Notizen und Informationen aufzubewahren.

Der Karteikasten ist ein Kästchen aus Holz, Metall oder Plastik, das einen Stapel Karteikarten enthält, man erhält es in jedem Warenhaus oder Schreibwarengeschäft.

Ich persönlich finde kleinere Karteikarten (Din-A7) praktischer als große. Sie brauchen also außer dem Kasten ein oder zwei Packen Karteikarten, einige Trennkarten, von A bis Z beschriftet, Trennkarten, die mit den Monaten eines Jahres beschriftet sind, und einige, die Sie selbst anderweitig beschriften. Diese Trennkarten teilen den Inhalt des Karteikastens in verschiedene Hauptgruppen ein.

Adreßbuch: Der alphabetische Teil des Karteikastens enthält Anschriften und Telefonnummern. Hier kommen alle Adressen hinein, die Sie brauchen, und alle Telefonnummern, die Sie anrufen. Adreßbücher lassen sich schwer auf dem neuesten Stand halten. Sie sind bald vollgeschrieben. Wenn sich eine Anschrift ändert, streichen wir sie aus und schreiben die neue darüber. Das sieht sehr unordentlich aus. Adreßbücher veralten schnell. Im Karteikasten kann dagegen die alte Karte einfach durch eine neue ausgetauscht werden.

Im Karteikasten ist, im Gegensatz zum Adreßbuch, auch Platz für Notizen. Vielleicht haben Sie eine Studienfreundin, die Sie nie sehen, der Sie aber zu Weihnachten immer eine Karte schreiben. Nun erhalten Sie eine Geburtsanzeige von ihr. Notieren Sie nun den Namen des Babys und seinen Geburtstag auf die Karte. Dann können Sie auf Ihrem Weihnachtsgruß beispielsweise hinzufügen: „Und wie geht es der kleinen Helen? Mit zwei sind Kinder besonders süß." Sie können sich auch notieren, welche Gerichte Ihre Freunde bevorzugen, ob sie den Kaffee schwarz oder mit Milch und Zucker trinken usw. Man wird sich freuen, daß Sie sich an all diese Dinge erinnern.

Allgemeine Notizen: Auch sie werden in unserem Karteikasten untergebracht. Ich rief Disney World an und erstellte danach eine Karte für meinen Kasten. Ich datierte den Anruf und notierte mir die Preise, die ich erfragt hatte. So weiß ich, wo ich nachschauen kann, wenn wir dieses Jahr dorthin gehen, und ich kann auch verfolgen, wie sich die Preise jedes Jahr ändern. Die Karte wird unter D für Disney abgelegt.

Wenn ein Klempner kommt, notieren Sie die Art der Reparatur und das Datum. Wenn derselbe Schaden wieder entsteht, können Sie ihm sagen, wann er das letzte Mal da war und welche Reparatur er durchgeführt hat. Notieren Sie auch Autoreparaturen und den jeweiligen Rechnungsbetrag unter A für Auto.

Der Karteikasten hilft Ihnen auch, einen Überblick über Ihre Bestellungen zu behalten. Wenn Sie etwas schriftlich bestellen, schreiben Sie sich Namen und Anschrift der Firma auf sowie das Datum Ihrer Bestellung. Verzögert sich die Lieferung einmal, können Sie bei der Firma nachfragen und dabei das Datum Ihrer Bestellung angeben. Notieren Sie jetzt auch das Datum Ihres Mahnbriefes. Auf diese Weise haben Sie immer die notwendigen Informationen zur Hand und verlieren nicht die Kontrolle über solche Vorgänge.

Zeitungsausschnitte: Auch Zeitungsausschnitte können, statt auf einen Stapel, im Karteikasten unter A-Z abgelegt werden. Nehmen wir an, Sie interessieren sich für Restaurants, und Ihre Tageszeitung berichtet regelmäßig über verschiedene Lokale. Statt den Artikel auszuschneiden, übertragen Sie die für Sie wichtigen Informationen auf eine Karteikarte und legen diese unter R für Restaurants ab.

Auch wenn Ihnen jemand ein Buch empfiehlt, notieren Sie das auf eine Karte, die sie unter B für Bücher ablegen.

Monatliche Aktivitäten: Dieser Teil unseres Karteikastens erinnert uns an Tätigkeiten, die nur zu bestimmten Jahreszeiten oder einmal jährlich erledigt werden müssen. Werfen Sie am Anfang jedes Monats einen Blick auf Ihre Monatskarte. Nehmen wir an, Sie wollen Ihre Matratze viermal jährlich umwenden. Das notieren Sie jetzt auf Karteikarten, die sie hinter die Monatskarten Januar, April, Juli und Oktober ablegen. Auf diese Weise werden Sie also daran erinnert, wann Sie die Dachrinne säubern, Winter- oder Sommerkleidung wegräumen, die Wohnzimmervorhänge waschen oder andere seltene Arbeiten in Angriff nehmen müssen. Sie können diese Informationen nun auch in Ihr Kartensystem übertragen.

Auch Geburtstage oder besondere Gedenktage werden Sie nach Monaten einordnen wollen. So vergessen Sie nicht, eine Karte zu schreiben oder die betreffende Person anzurufen oder zu besuchen. Wenn das Ereignis am 1. November stattfindet, notieren sie es auf eine Oktoberkarte.

Wenn Sie erst einmal mit dem Karteikasten begonnen haben, werden Ihnen selbst noch genügend Ideen kommen, wozu Sie den Kasten noch benutzen können. Wenn Sie eine kurzfristige Information aufheben wollen, schreiben Sie diese auf einen Zettel, den Sie unter dem entsprechenden Buchstaben im Karteikasten ablegen.Wenn die Sache sich erledigt hat, werfen Sie den Zettel einfach fort.

Besondere Interessen: Dieser Teil des Karteikastens ist für Informationen reserviert, die ausschließlich Ihr Zuhause und Ihre Familie betreffen. Zu diesem Zweck benutzen Sie vier oder fünf unbeschriftete Trennkarten. Ich notiere beispielsweise, wo ich was aufgehoben habe (z. B. Weihnachts- oder Osterdekorationen). Auch Notizen, die ich mir anläßlich eines Immobilienseminars gemacht hatte, sind hier abgelegt. In diese Rubrik gehört für mich auch Wissenswertes über besondere Tage, z. B. wer uns letztes Jahr zu Weihnachten besucht hat, was es zum Essen gab und welche Geschenke ausgetauscht wurden. Ich bin vermutlich ziemlich sentimental. Ich habe ein befriedigendes Gefühl, wenn ich weiß, daß meine Ferienerinnerungen wenigstens auf einer Karteikarte „gespeichert" sind.

Ich kenne eine Frau, die eine Trennkarte mit *Gesundheit* beschriftet hat. In dieser Rubrik hat sie eine Karte für jedes Familienmitglied eingeordnet, auf denen sie die Daten von Impfungen, Operationen usw. notiert oder sich Aufzeichnungen zu bestimmten Allergien macht.

In der Rubrik *Finanzen* speichert sie Nummern von Versicherungen, wie Kranken-, Lebens-, Auto- oder Feuerversicherung. Sie notiert auch die Kontonummern von Giro- und Sparkonten und Informationen über Kreditkarten. Weil ihre Sparbücher genau in den Kasten passen, ordnet sie sie unter dieser Rubrik ein. In einem Notfall hat sie alle wichtigen Informationen zur Hand.

Das Notizbuch

Das Notizbuch organisiert Ihr Leben von einem Tag zum anderen. Wenn Sie versuchen, alle diese Informationen in Ihrem Kopf zu speichern, wird Sie das nur verwirren, und Ihnen gehen die Einzelheiten verloren.

Ich benutze ein kleines Notizbuch, das gut in meine Handtasche hineinpaßt. Es enthält lose, linierte Blätter, die in Rubriken unterteilt sind. Die Kalender, die nur eine Linie für jeden Tag vorsehen, sind für meine Zwecke nicht geeignet. Ich brauche allein für die Liste meiner täglichen Erledigungen eine ganze Seite.

Und so funktioniert mein Notizbuch: Jedes Trennblatt ist beschriftet, so daß die Informationen und Dinge, die ich nicht vergessen will, entsprechend eingeordnet werden können. Ich habe folgende Rubriken:

Ziele: Hier mache ich Aufzeichnungen über mein Lebensziel, das Ziel, das ich in zehn Jahren, in fünf Jahren und in einem Jahr erreichen will. Auch Ihre unmittelbare Zielvorstellung für ein bestimmtes Projekt, wie die Organisation Ihres Hauses z. B., kann an dieser Stelle festgehalten werden. Kürzlich legte ich jedoch diese Aufzeichnungen im Karteikasten ab. Weil die Zielvorstellungen meines Lebens etwas so Persönliches sind, wollte ich nicht riskieren, das Notizbuch zu verlieren, und ich wollte auch niemand anderem Einblick in diese persönlichen Aufzeichnungen gewähren. Ich selbst verwahre sie jetzt also lieber im Karteikasten, aber das Notizbuch ist eigentlich auch dafür geeignet.

Einkaufsliste: Manchmal fällt einem ein, was man noch braucht. Beim Hausputz merke ich, daß mir Batterien, Glühbirnen, Gummiband und Büroklammern fehlen. Das notiere ich gleich in meiner Einkaufsliste. Wenn ich in einem Geschäft bin, brauche ich nur mein Notizbuch aufzuklappen, dann sehe ich, ob irgend etwas besorgt werden muß. So gehe ich sicher, daß diese kleinen Dinge des täglichen Lebens stets vorrätig sind.

Erledigungen: Jeder Tag bekommt eine Extraseite. Dann mache ich eine Aufstellung der zu erledigenden Tätigkeiten für diesen Tag.

Geben Sie acht, daß Ihr Notizbuch nicht zu schwer zu durchschauen ist, sonst werden Sie bald keinen Blick mehr hineinwerfen.

Jetzt kommt das Entscheidende: *Setzen Sie Prioritäten!* Die wirklich wichtigen Tätigkeiten werden mit AA bezeichnet. Die wichtigen mit A, dann folgen B und C.

Jetzt erkennen Sie mit einem Blick, welche Tätigkeiten eines jeweiligen Tages den Vorrang haben. Wir neigen dazu, die leichten Aufgaben zuerst zu erledigen statt die wichtigsten. Durch diese Prioritätenzuordnung wird das Problem gelöst, und wir kommen unseren Zielen näher. Sie können auch Rubriken für bestimmte persönliche Interessen einrichten. Ich habe eine Rubrik für *Gebete*, wo ich Gebete aufschreibe, und eine mit der Aufschrift *Bibellese*. Dort mache ich mir Notizen zu den Bibelabschnitten, die ich lese.

Neben dem Notizbuch können Sie noch ein Kalendarium führen, wie man es für Termineintragungen und dergleichen benutzt. Hier können oft gebrauchte Telefonnummern notiert werden, so daß man sie auf einer Reise schnell zur Hand hat. Die vollständige Adressenangaben werden allerdings im Karteikasten aufbewahrt.

Einordnen statt Stapeln

Bei dem Wort Registratur denken wir an ein großes, stahlgraues Ding, das nach Büroeinrichtung aussieht, für das wir weder Platz in unserer Wohnung haben noch es dort haben wollen. Eine solche Registratur ist kostspielig, sieht nicht schön aus und nimmt zu viel Platz ein. Aber es gibt noch andere Ablagemöglichkeiten, die nicht so teuer sind und die man überall unterbringen kann. Ich empfehle Ihnen eine handliche Hängeregistratur, die man in Schreibwarengeschäften erhält.

Man kann die Hängeregistratur natürlich in das Aktenfach des Schreibtischs stellen. Aber die Registratur hat den Vorteil, daß man sie auch an ungewöhnlichen Stellen unterbringen kann. Ellen, meine Cleanie-Freundin, verwahrt sie im Wohnzimmer in einer dekorativen geschnitzten Holzkiste, die ihr ein Freund aus Ecuador mitgebracht hat. Meine steht in einer Nische unter einem Tisch. Es gibt auch sehr kleine Registraturen, die man überall unauffällig hinstellen kann.

In die Hängeregistratur kommen größere Papiere, die nicht in den Karteikasten passen, wie Quittungen, Rechnungen oder Zeitungsausschnitte. Adressen und kurze Notizen kommen in den Karteikasten.

Eine Hängeregistratur ist absolut notwendig, um die Papierstöße zu bewältigen, die uns täglich ins Haus „flattern". Ich gebe Ihnen den Rat, Ihre tägliche Post entweder hier einzusortieren oder sie sofort wegzuwerfen. Wenn Sie sich nicht gleich für eine Rubrik entscheiden können, richten Sie eine zusätzliche Abteilung ein: Zur Ablage.

Meine Mutter hat ein Ritual. Sie holt die Post aus dem Briefkasten und geht dann direkt zur Mülltonne. Im Laufen sortiert sie die Post. Was sie nicht interessiert, wirft sie sofort weg. Unser Problem besteht jedoch oft darin, daß wir uns nicht entscheiden können, was wir fortwerfen sollen. Wenn Sie mit der Post gleich zum Mülleimer gehen bzw. dorthin, wo Sie den Papierabfall unterbringen, werden Sie sich schnell ans sofortige Aussortieren gewöhnen. Es ist auch ratsam, Papiere mit Ihrer Adresse oder Kreditkartennummer oder dergleichen zu zerreißen, damit kein Unbefugter an die Informationen herankommt.

Ein Wort zur Warnung: Messies lieben Ablagesysteme. Aus meinen Seminaren und Gesprächen mit Messies weiß ich, daß sie oft nicht nur eine, sondern drei oder vier Hängeregistraturen besitzen! Die sind nun stumme Zeugen ihres ersten und einzigen Versuchs, ihr Leben zu organisieren. Diese Ablage dient wirklich nur zur Lagerung. Die Hängeregistraturen stehen an den unmöglichsten Orten und werden selten benutzt. Eine Untersuchung hat nachgewiesen, daß selbst im Geschäftsleben 80 Prozent von abgelegten Papieren nie wieder das Tageslicht erblicken. Ich schätze, daß 90 Prozent der Papiere in privaten Hängeregistraturen nie wieder herausgenommen werden.

Aber es ist doch ein befriedigendes Gefühl zu wissen, daß diese Papiere irgendwo sind, falls wir je den Wunsch verspüren, sie wieder einmal zur Hand zu nehmen. In gewisser Weise ja. In gewisser Weise aber auch nicht. Oft sind die großen Sammlungen in unseren Ablagesystemen nicht organisiert und schwer zu benutzen. Zudem stehen wir dauernd unter dem Druck, Dinge zu horten. Wenn wir schon eine Registratur mit mehreren Fächern haben, fühlen wir uns verpflichtet, in Zeitschriften und Zeitungen nach Artikeln zu stöbern, mit denen wir diese Fächer füllen können. Das heißt, wir müssen viele Zeitschriften lesen, Artikel ausschneiden und diese in die Hängeregistratur einordnen. Am Ende arbeiten wir für diese Hängeregistratur, statt daß diese uns eine Hilfe und Erleichterung ist. Sie haben also auch eine oder mehrere solcher Hängeregistraturen vollgestopft, die jetzt dick und fett irgendwo herumstehen? Und was nun?

Ich gebe Ihnen den Rat, die Sache nach der Mount-Vernon-Methode zu erledigen, und zwar ganz zum Schluß, wenn Sie den gesamten Haushalt bereits geordnet haben. Könnten Sie sich unter Umständen mit dem Gedanken vertraut machen, einige Papiere, die sie wirklich nicht mehr brauchen, mitsamt dem Ordner fortzuwerfen — damit Sie nicht der Versuchung erliegen, diesen Ordner wieder zu füllen? Vielleicht geschieht ja ein Zeichen und Wunder, und es gelingt Ihnen, die gesamte vielfächerige Hängeregistratur zu verkaufen oder zu verschenken und statt dessen eine kleinere Ausgabe zu erstehen, in der Sie nicht nur Sachen lagern, sondern mit der Sie wirklich arbeiten.

Wie erhält man eine solche Hängeregistratur funktionsfähig? Eine kleine Registratur zwingt Sie, nur die wesentlichen Dinge aufzuheben und zu entscheiden, welche Papiere aussortiert werden sollen. Eine kleinere Registratur kann auch auf Ihrem Schreibtisch stehen oder da, wo Sie den „Papierkram" erledigen. So widerstehen Sie der Versuchung, die Ablage „auf später" zu verschieben.

„Aber was mache ich mit den Papieren, die ich behalten will?" fragen Sie, ein wenig ärgerlich über mein mangelndes Verständnis. Fragen Sie einen Freund, der seine Wohnung und seinen Papierkram unter Kontrolle hat. Achten Sie darauf, daß diese Person kein Sammler ist. Wenn Sie wissen wollen, wie man ohne diesen ständigen Ablagetrieb lebt, suchen Sie jemanden, der bestens ohne eine solche Sammlung auskommt.

Je mehr Sie sich von überflüssigen Dingen befreien, desto näher kommen Sie Ihrem Traum — Ordnung im Haushalt zu haben und diese zu erhalten. Die vier Hilfsmittel — das Kartensystem, der Karteikasten, das Notizbuch und die Hängeregistratur — sind dazu unbedingt notwendig. Ich ermutige Sie, sich ihrer zu bedienen oder sich Ihre eigene Version von Organisationshilfen auszudenken.

Und jetzt wird es Zeit, dem wunden Punkt eines jeden Messies Paroli zu bieten! Was sollen wir nur mit unseren Schränken machen?

12. Kapitel

Schränke

Ordnung ist eine einsame Nymphe.
Samuel Johnson

Ist es nicht wunderbar, wenn Sie bei einem Cleanie zu Besuch sind, und der sagt zu Ihnen: „Hast du schon mein Haus gesehen? Soll ich dich mal herumführen?" Dann führt sie Sie durch jedes Zimmer, selbst ins Schlafzimmer, und öffnet die Tür des Wandschranks! „Hier ist mein Kleiderschrank", sagt sie. Meine Güte! Sie ist sogar stolz auf ihre Schränke – und sie hat auch allen Grund dazu.

Cleanies lieben solche Hausführungen. Der Grund liegt ganz einfach darin, daß sie ihr Haus als eine Art Kunstwerk betrachten. Sie arbeiten an den verschiedenen Bereichen ihres Haushalts so, wie ein Künstler verschiedene Stellen seiner Leinwand bemalt. Stellen Sie sich bei Ihrer Hausarbeit vor, daß vielleicht einmal eine Zeit kommt, wo auch Sie voller Stolz Ihr Haus vorführen wollen. Zumindest werden Sie Ihre Freundin zum Schlafzimmerschrank führen, um ihr ein neues Kleid zu zeigen – mit der Zuversicht, daß Sie auf den Zustand dieses Schrankes stolz sein werden.

Kleiderschränke

Worin besteht das Problem mit den Kleiderschränken? Die meisten sind zu klein. Wenn Sie jedoch einmal einen Blick in Ihren Schrank werfen, werden Sie bemerken, daß es dort noch viel ungenutzten Platz gibt, in der Regel unter den Kleidern und über der Kleiderstange.

Eine Möglichkeit besteht darin, zwei Stangen übereinander anzubringen, um so den Platz im Schrank besser auszunutzen. Dazu muß die oberste Stange erhöht werden. Ellen, meine Cleanie-Freundin, entfernte sämtliche Holzbretter und Stangen aus ihrem Schrank und baute statt dessen Fächer aus mit Plastik bezogenem Maschendraht ein. Solche Schrankfächer haben drei Vorteile: Durch die Löcher im Draht können Sie gut erkennen, was sich auf dem obersten Fach befindet. Solche Fächer müssen auch nicht so oft gewischt werden wie feste Regalbretter. Der dritte Vorteil ist, daß Sie an diesen Drahtfächern Bügel in regelmäßigen Abständen aufhängen können. Wenn Sie selbst kein handwerkliches Geschick haben, lassen Sie sich eine solche Vorrichtung vom Schreiner einbauen.

„Das ist mir momentan zu viel Aufwand", werden Sie vielleicht einwenden. „Ich möchte meinen Schrank jetzt nicht umbauen. Wie kann ich trotzdem mehr Ordnung hineinbringen?" Nehmen Sie einmal mich als Beispiel. Wenn ich erst zu Hammer und Nägel greifen muß, und die Sache dauert voraussichtlich mehr als fünf Minuten, dann fange ich gar nicht erst an. Weder mein Mann noch ich sind handwerklich besonders geschickt. Die wenigen Male, wo mir jemand etwas umgebaut hatte, waren auch unbefriedigend. Ich halte also Ausschau nach fertigen Vorrichtungen, die leicht einzupassen sind. In Ihrem Fall bringen Sie am besten ein Regal oder zwei Bretter über der Kleiderstange an. Das oberste Brett wird schwer zu erreichen sein. Hier sollten Sie Dinge aufbewahren, die Sie nur selten brauchen. Unten im Schrank können Sie Plastikkisten stapeln, in denen Sie Dinge staubfrei lagern können. Solche Kisten gibt es in Kaufhäusern oder Baumärkten.

Sie können auch eine leicht einzupassende zweite Kleiderstange kaufen. Die ist auch für kleine Kinder bequem zu erreichen. So lernen sie gleich, ihre Kleider selbst aufzuhängen.

Wenn Sie in Ihrem Kleiderschrank auch Schuhe unterbringen, haben Sie bestimmt die größten Probleme damit. Selbst wenn sie auf einem dafür vorgesehenen Gestell auf dem Boden stehen, sind sie unansehnlich, werden staubig, und der untere Teil des Schrankes läßt sich kaum richtig reinigen. Hier gibt es mehrere Lösungen. Ich habe mich für den Vorschlag meiner Freundin Ellen entschieden. Ich behalte die Schuhschachteln und stelle sie mitsamt den Schuhen in den Schrank. Auf den sichtbaren Teil der Schachteln schreibe ich, welches Paar Schuhe sich darin befinden. Wenn ich Schuhe herausnehme, lasse ich den Deckel offen und ziehe die Schachtel etwas vor, damit ich gleich wieder den richtigen Platz für die Schuhe finde. Das klappt recht gut.

Es gibt noch andere gute Methoden zur Aufbewahrung von Schuhen. Lassen Sie nur nicht zu, daß Ihr Kleiderschrank durch die Schuhe unordentlich aussieht. Die Rückseite der Schranktür kann man für die Aufbewahrung von Gürteln, Krawatten, Ketten usw. nutzen.

Ein oft übersehenes, aber wichtiges Hilfsmittel der Aufbewahrung von Kleidung ist der Kleiderbügel. Werfen Sie die Drahtbügel fort. Kaufen Sie statt dessen breite Plastikbügel, und zwar in genügender Anzahl. Viele Leute finden es zu umständlich, ihre Kleider aufzuhängen. Entweder sie haben nicht genug Bügel, oder die Drahtbügel verhaken sich ineinander und lassen sich schwer herausnehmen. Und natürlich hängen unsere Kleidungsstücke so dicht beieinander, daß es wirklich Mühe macht, irgend etwas herauszuziehen oder hineinzuzwängen.

Ich habe meine Kleidungsstücke auch nach Farbtönen geordnet. Zuerst teilte ich sie in vier Gruppen ein: Hosen, Blusen, Zweiteiler und Kleider. In jeder dieser Gruppen ordnete ich nun die Kleidungsstücke so an, daß zuerst die hellen, dann die dunklen Farben kamen, wie auf der Farbpalette eines Künstlers. Das wirkte Wunder. Vorher wußte ich nicht, ob die

Hosen, nach denen ich suchte, in der Wäsche oder irgendwo im Schrank waren. Jetzt weiß ich: Wenn die schwarzen Hosen nicht ganz am Ende der „Hosenabteilung" hängen, sind sie überhaupt nicht im Schrank. Durch diese Methode habe ich auch einen besseren Überblick, welche Kleider ich besitze und wie ich sie untereinander kombinieren kann. Ich kann sie also nur zur Nachahmung empfehlen.

Ich glaube, daß wir gerade im Kleiderschrank sehr vieles aufheben, was wir nie mehr brauchen. Da hängen Kleidungsstücke, die uns zu groß oder zu klein sind – wir könnten ja ab- oder zunehmen. Da sind Sachen, die wir nie tragen, weil sie uns nicht gefallen. Aber sie sind *gut*, das heißt, sie passen, und es fehlt kein Knopf. Deshalb *müssen* wir sie aufheben – besonders, wenn sie teuer waren. Wir behalten Lieblingsstücke, die aus der Mode gekommen sind, in der Hoffnung, daß sie noch einmal aktuell werden! Das wird jedoch kaum einmal geschehen. Manchmal behalten wir ein altmodisches Kleid, weil wir den Rock vielleicht einmal umändern könnten. Dazu wird es vermutlich nie kommen und wenn doch, dann müssen wir ja Hand an dieses wunderbare Kleid legen!

Der schlimmste Grund, weshalb wir unseren Schrank so vollstopfen, ist, daß wir Kleidungsstücke für andere aufheben. Oft haben wir nicht mal eine bestimmte Person im Blick. So heben wir die Sachen auf, bis wir jemand finden, den wir mit unserer großzügigen Gabe erfreuen können. Weil wir Perfektionisten sind, muß es natürlich der perfekte Empfänger sein. Deshalb heben wir die Sachen auf, bis wir uns aufraffen, sie an den Jungen unserer Cousine zu schicken. Der hat vermutlich schon selbst einen Sohn, wenn wir den Karton endlich zur Post bringen!

Hören wir doch auf zu träumen! Wir werden die Kleider nicht abändern. Wir werden nicht zu- oder abnehmen, solange die Sachen noch in Mode sind, und wenn, kaufen wir uns zur Belohnung neue Kleider. Warten Sie nicht auf den perfekten Träger Ihrer abgelegten Sachen. Geben Sie sie zum Roten Kreuz oder einer ähnlichen Organisation. Sollen die doch den perfekten Empfänger ausfindig machen.

Abstellkammer

Verlängerungskabel, Glühbirnen, Aufhängevorrichtungen für Bilder — all das gehört in die Abstellkammer. Ich habe eine tolle Lösung für dieses Problem gefunden: Ich habe ungefähr dreißig durchsichtige Plastikschuhschachteln, in denen ich solche Dinge unterbringe. Wenn Sie keine durchsichtigen Schachteln bekommen, nehmen sie gewöhnliche Schuhkartons. Als ich die Abstellkammer das erste Mal aufräumte, fand ich, daß man die Sachen in verschiedene Kategorien einteilen konnte. Ich besorgte also die Schachteln und beschriftete sie gut lesbar auf der Vorderseite. Dann füllte ich sie mit den Dingen, die in die jeweilige Kategorie paßten. Hier einige Beispiele:

- Schuhsachen (Schuhcreme, Schnürsenkel, Bürsten)
- Ersatzteile (Lichtschalter, Wandstecker usw.)
- Utensilien für Vorhänge (Ringe, Kugeln für die Kordel, Halterung für die Vorhangstange)
- Klebstreifen, Bänder und Schnüre
- Glühbirnen
- Seife, Zahnpasta und dergleichen

Um Schrubber und Besen unterzubringen, befestigen Sie Klemmschrauben oder Haken an der Wand. Auch Bügelbrett und Bügeleisen können mit Spezialhaltern an die Wand gehängt werden. Versuchen Sie, den Boden möglichst freizuhalten. Sie können dann leichter saubermachen, und es sieht auch ordentlicher aus.

13. Kapitel

Die Küche

Es ist wichtig, daß die Küche ein für allemal gründlich durchorganisiert wird. Dinge, die häufig benutzt werden, sollten leicht zu erreichen sein und dort aufbewahrt werden, wo man sie braucht. Ich stellte fest, daß meine Konservendosen bei der Geschirrspülmaschine standen und mein Geschirr neben dem Herd. Ich war verblüfft, daß ich die logische Regel verletzt hatte, die Dinge dort aufzubewahren, wo sie benutzt werden. Ich mußte das Geschirr also näher an der Spülmaschine unterbringen und die Konserven neben dem Herd. Ich frage mich, ob wir solche einfachen und offensichtlichen Regeln am ehesten verletzen, weil wir annehmen, daß wir schon automatisch alles richtig machen.

Auch die Trinkgläser ordne ich nach Farben. Jeder in unserer Familie hat eine bestimmte Farbe. So braucht jeder nur ein Glas am Tag zu benutzen, und wir haben am Ende des Tages nicht ein Spülbecken voller schmutziger Gläser. Hat jemand Schwierigkeiten, sich seine Farbe zu merken, können Sie die Farbe mit einer Bedeutung versehen: „Petra, deine Farbe ist grün, weil du so schnell wächst." „Julia, du bekommst das goldene Glas, weil du für uns so wertvoll bist" und so weiter.

Ich kam auch zu dem Schluß, daß die meisten Küchen nicht genügend Stauraum haben. Ein Grund dafür ist, daß zu viele Dinge in Küchen lagern, die man kaum benutzt. Wenn Regale zu weit auseinander stehen, wird ebenfalls kostbarer Platz ver-

95

geudet. Hier könnte man ein zusätzliches Regalbrett einbauen oder Drahtgestelle in die Zwischenräume einpassen. Auch der Platz unter dem Waschbecken wird oft nicht richtig genutzt. Hier kann man ebenfalls Regalbretter einbauen, die das Wasserrohr aussparen.

Aufhängetips

Ich beobachte immer wieder, daß Cleanies eine Menge aufhängen, ohne es sich bewußt zu machen. Sie tun das, um Boden oder Theke besser sauberhalten zu können. Aber durch das Aufhängen von Gegenständen lassen sich auch Probleme des Stauraums lösen. Hier ein paar Aufhängetips für die Küche:

- Hängen Sie Tassen an Haken auf.
- Früchte und Gemüse kann man in Hängekörben aufbewahren. Bei uns nahmen Limonen, Avocados und Orangen wertvollen Platz auf der Theke ein — bis ich einen Hängekorb kaufte.
- Befestigen Sie ein Gestell für Messer an der Wand. So gewinnt man Platz in Schubladen, und die Messer werden auch nicht so schnell stumpf.
- Hängen Sie Besen und Schrubber an Haken auf. So können sie nicht umfallen und ein Durcheinander verursachen, und außerdem werden die Borsten geschont.

Auch die Rückseite von Türen ist ideal zur Aufbewahrung von allen möglichen Dingen. Kleine Regale oder Gestelle für Gewürze lassen sich beispielsweise gut an einer Tür befestigen. Auch Gestelle zur Aufbewahrung für Alu- und Plastikfolie, Tüten, Putzschwämme und dergleichen spart wieder Platz auf dem Regal.

Küchengeräte kann man ebenfalls aufhängen und erspart sich damit viel Unordnung in Schubladen. Meßbecher hängt man beispielsweise auf Haken an die Küchentür. Töpfe kann man an die Wand hängen. Aber achten Sie darauf, daß nicht so viel herumhängt, daß die Küche unordentlich und vollgestopft aussieht. Doch auf Regalen und in Schubladen muß Platz geschafft werden. Daher überlegen Sie gut, was aufgehängt oder gestellt werden kann.

Regale, Schränke und Theken

Legen Sie Ihre Regale, Schubladen und Geschirrschränke mit einem Material aus, das leicht zu reinigen ist, zum Beispiel Linoleum oder selbstklebende Folie (die ist billiger und hält jahrelang). So brauchen Sie nur mit einem nassen Tuch darüberwischen.

Wenn Ihr Küchenschrank nicht bis zur Decke reicht, bekleben Sie ihn oben mit Folie. Er wird dort nämlich sehr schmutzig und schmierig. Doch Linoleum oder Klebefolie ist leichter zu reinigen als Holz.

Küchenschränke werden leicht schmierig. Für die Reinigung von gestrichenen Schränken geben Sie eine Tasse Ammoniak, eine halbe Tasse Essig und eine Viertel Tasse Backpulver in einen großen Wassereimer. Holzschränke können Sie mit feiner Stahlwolle und Farbenverdünnungsmittel ausreiben.

Der Backofen

Niemand scheint zu wissen, wie lange man braucht, um den Backofen zu reinigen, aber die meisten Messies sind der Meinung, daß diese Arbeit viel Zeit in Anspruch nimmt. Doch das stimmt gar nicht. Es ist eher so, daß uns die Sache zuwider ist. Der Dunst, die Schmiere, und man muß die Arbeit in gebückter Haltung verrichten. Es ist eine schmutzige Arbeit, deshalb entsteht der Eindruck, daß sie auch lang dauert.

Je unangenehmer eine Arbeit ist, desto länger dauert sie, so glauben wir oft. Wenn wir wirklich wissen wollen, wie lange eine bestimmte Arbeit dauert, brauchen wir nur einmal die Zeit zu messen.

Unser subjektiver Eindruck von der Dauer einer Arbeit verleitet uns dazu, diese Arbeit hinauszuzögern. Wir scheuen uns vor Arbeiten, die zu lange dauern. Hier machen wir uns oft selbst etwas vor. Manche Arbeiten dauern gar nicht so lang, wie wir uns das ausmalen.

Es gibt natürlich Arbeiten, die tatsächlich langwierig und schwierig sind. Die nehmen wir am liebsten gar nicht erst in Angriff, weil sie uns von vornherein über den Kopf zu wachsen scheinen. Und doch müssen wir unterschwellig immer an diese unerledigte Sache denken, und das kostet uns viel Energie.

In solchen Fällen müssen wir uns selbst überlisten. Nehmen wir gleich die Reinigung des Backofens als Beispiel. Zunächst treffen Sie eine ganz bewußte Entscheidung, diese Aufgabe endlich in Angriff zu nehmen. Dann teilen Sie diesen Entschluß einem anderen Menschen mit (in einiger Entfernung zur Küche, so daß der Ofen es nicht hören kann), oder Sie verpflichten sich schriftlich zu dieser Arbeit.

Dann gehen Sie an die Vorbereitungen. Kaufen Sie einen Backofenreiniger, Gummihandschuhe und Putzschwämme. Lesen Sie die Gebrauchsanweisung auf der Sprühdose des Ofenreinigers. Lagern Sie diese Utensilien in der Nähe des Ofens (aber so, daß der Ofen sie nicht sehen kann).

Praktischerweise wird der Backofen in zwei Arbeitsgängen gereinigt. Also ist Ihre Vorgehensweise schon festgelegt. Sie sind bereit zum Angriff. Jetzt, da Sie den Entschluß gefaßt und die Vorbereitungen getroffen haben, weiß Ihr Gehirn, daß es Ihnen wirklich ernst ist, und die „grauen Zellen" beginnen beschleunigt zu arbeiten. Lassen Sie jetzt nicht mehr allzuviel Zeit verstreichen. Nehmen Sie die erste Gelegenheit wahr, um das zu tun, was getan werden muß. Wenn Sie außer Haus arbeiten, sprühen Sie den Ofen ein, so daß das Mittel während Ihrer Abwesenheit einwirken kann. Wenn Sie zu Hause sind, lassen Sie das Spray über Nacht einwirken. Planen Sie den Backofen nicht für die nächste Mahlzeit ein, weil Sie bis zur nächsten Mahlzeit wohl nicht mit der Reinigung fertig sind.

Wenn der Ofen erst mal besprüht ist, *müssen* Sie die Arbeit auch beenden. Aber jetzt haben Sie sich innerlich schon längst darauf eingestellt. Übrigens kann der Ofen ja auch nicht benutzt werden, bis er geputzt ist. Es gibt also kein Zurück mehr. Also: Runter auf die Knie, und den Putzschwamm zur Hand genommen! Am Schluß legen Sie den Boden mit Alufolie aus, und schon sind Sie fertig!

In zwei Einzelfällen haben mir Frauen gesagt, daß Sie keine Mühe hätten, ihren Backofen sauberzuhalten. Als ich verblüfft nach dem Grund fragte, gestanden mir beide, daß sie Unmengen von Alufolie verbrauchten. Damit kleideten sie den Backofen aus und packten auch das Essen darin ein, damit der Ofen keine Fettspritzer bekam.

Drei einfache Tips für eine saubere Küche:

1. Es darf nur in Ihrer Gegenwart gegessen werden. Dann halten Sie sich so oft wie möglich aus der Küche fern.

2. Füttern Sie alle Tiere in der Garage. Leider fallen Kinder (nur zu Fütterungszwecken natürlich) nicht in diese Kategorie.

3. Essen Sie im Restaurant.

Teil 4

Arbeiten Sie mit Ihrem System zusammen

14. Kapitel

Über das Zaudern

Eine Viertelstunde am Morgen ist soviel wert
wie drei Stunden am Nachmittag.
Sandra Felton

Was ist das für ein seltsames Verhalten, dieses *Zaudern?* Weshalb schieben wir dauernd Dinge vor uns her, wo wir doch genau wissen, daß wir später nur in Schwierigkeiten kommen? Warum lassen wir unsere Einkäufe auf den nächsten Stuhl fallen, statt sie dort unterzubringen, wo sie hingehören? Warum bezahlen wir die Rechnung erst, wenn eine Mahnung ins Haus kommt, legen Zeitungsausschnitte und Post auf einen Stapel und füllen den Eiswürfelbehälter nicht rechtzeitig auf?

Wie bei allen Dingen, die mit dem menschlichen Verhalten zu tun haben, gibt es vermutlich verschiedene Gründe für diese Schwäche, die wohl keinem von uns ganz unbekannt sein dürfte.

Der Hauptgrund, weswegen wir Arbeiten hinauszögern, liegt wahrscheinlich darin, daß wir nicht richtig für eine betreffende Arbeit vorbereitet sind. Entweder haben wir keinen geeigneten Platz für die Arbeit oder uns fehlt ein Aktionsplan.

Oder wir haben einen Platz und einen Plan für unsere Arbeit, aber die sind so umständlich zu handhaben, daß wir uns gar nicht erst dazu aufraffen können. Wenn unsere Hängeregistratur in der Garage steht, werden wir sie kaum benutzen. Wir werden unsere Papiere auf einen Stapel legen, bis wir mal mit dem Auto wegfahren. Hier sind die Probleme vorprogrammiert. Wenn wir nicht genug Bügel haben oder die Kleiderstange so nah am darüberliegenden Schrankfach angebracht ist, daß man Mühe hat, die Bügel daranzuhängen, so sind auch das die idealen Umstände, um die Arbeit hinauszuschieben.

Vielleicht zögern wir, Schecks auszustellen, um unsere Rechnungen zu bezahlen, weil wir wirklich nicht wissen, wieviel Geld wir auf dem Konto haben. Dies alles sind organisatorische Probleme.

Je mehr unser Haushalt außer Kontrolle gerät, je mehr Arbeit auf uns wartet, desto hilfloser werden wir. Als mein Haushalt ein wüstes Durcheinander war, bin ich mehr als einmal an einem Korb mit Wäsche vorbeigelaufen, die zusammengelegt werden mußte, und habe mich selbst ermahnt: *Ich muß jetzt wirklich mal die Wäsche zusammenlegen!* Und dann bin ich einfach weitergegangen.

Das gleiche gilt für viele andere Tätigkeiten, wie ein Gummi vom Boden aufheben oder den Eiswürfelbehälter füllen. In meinem Fall ging ich dauernd an all diesen potentiellen Arbeiten vorbei. Meine haushälterische Sicherung war durchgebrannt. Wie in einem Stromkreis immer mehr Elektrizität fließt, bis er überlastet ist und völlig zusammenbricht, so schieben wir immer mehr Arbeit vor uns her, bis unser Bewußtsein die anstehenden Arbeiten schließlich ganz verdrängt.

So ist das Zaudern nichts Geheimnisvolles. Es wäre ein Wunder, würde jemand unter solchen Umständen seine Arbeit *nicht* vor sich herschieben. Erleichtern Sie sich die Arbeit, dann werden Sie sie auch schnell erledigen.

Manchmal schieben wir eine Arbeit vor uns her, weil wir so lange versäumt haben, sie zu erledigen, daß sie nun wie ein riesiger Berg vor uns steht. Cleanies erledigen Aufgaben auch deshalb rechtzeitig, weil sie sich großen Arbeitsaufwand ersparen wollen. Sie lassen die Arbeit gar nicht so lange anstehen, weil sie wissen, daß sie sie dann nicht gerne tun und daher verschieben würden. Im Falle einer langwierigen

Arbeit, die man nicht umgehen kann, wie zum Beispiel einem Umzug, nehmen Sie sich vor, jeweils nur ein paar Kisten auf einmal ein- oder auszupacken. Auch wenn die Arbeit als Ganzes viel Aufwand ist, können wir uns Teilziele setzen. Dann stehen wir weniger in der Gefahr, die Aufgaben vor uns herzuschieben.

Ich stelle fest, daß ich oft Dinge vor mir herschiebe, weil ich die unmittelbare Befriedigung eines Bedürfnisses im Blick habe. Nach einem Einkaufsbummel bin ich müde. Ich möchte mich ausruhen, sobald ich nach Hause komme. Ich habe den Wunsch, meine Tüten fallen zu lassen, die Schuhe abzustreifen und mich aufs Sofa zu legen. Heute bin ich jedoch so weit, daß der Wunsch nach einem geordneten Zuhause, das eine gute Atmosphäre ausstrahlt, für mich wichtiger ist als das Bedürfnis nach Ruhe. So neige ich jetzt eher dazu, die Einkäufe zuerst wegzuräumen und mich dann hinzulegen als umgekehrt.

Einer der merkwürdigsten Gründe für das Hinausschieben von Arbeit wurde mir bewußt, als sich eine Veränderung in meinem Denken vollzogen hatte. Irgendwie hatte ich das vage Gefühl gehegt, daß jemand anders die Arbeit erledigen würde. Wer, das wußte ich nicht, aber ich fühlte, daß Hausarbeit nicht meine Sache war. Glaubte ich etwa, ich sei eine unentdeckte Prinzessin, und die Dienerschaft würde die Arbeit tun? Mein Lieblingsmärchen war das von dem Schuhmacher, der jeden Morgen entdeckte, daß die Heinzelmännchen in der Nacht, während er schlief, seine ganze Arbeit erledigt hatten. Glaubte ich etwa, die Heinzelmännchen würden verzweifelt nach meinem Haus suchen, es irgendwann finden und mich dann überraschen? Ich weiß bis heute nicht, warum ich so dachte, aber dieses Denken trug dazu bei, daß ich Arbeiten anstehen ließ.

Es gibt noch andere Gründe, weshalb wir Arbeit vor uns herschieben. Vielleicht steht uns das Ziel eines geordneten Haushalts nicht klar genug vor Augen. Wenn diese Zielvorstellung fehlt, ist es egal, ob eine Arbeit getan wird oder nicht. Wir neigen auch dazu, schwierigere Aufgaben hinauszuschieben, wenn unser Stundenplan so voll ist, daß wir gar keine Zeit haben, all das zu tun, was getan werden muß.

Aber es gibt noch andere Faktoren, die uns davon abhalten, das Naheliegende zu tun. Wir beschäftigen uns statt dessen mit Dingen, die uns angenehmer erscheinen:

Lesen: Für einen Bücherwurm ist das eine riesige Versuchung — eine wunderbare Fluchtmöglichkeit in eine andere Welt, die uns unsere Verpflichtungen vergessen läßt. Die Stapel um uns herum verblassen, wenn wir unsere Nase in ein Buch stecken.

Tagträumen: Auch Tagträumen ist eine Flucht, die kostbare Zeit verbraucht, ohne sichtbare Ergebnisse zu erzielen. Wir können zwar unsere Tagträume in bezug auf unseren Haushalt auch nutzen, um unsere Zielvorstellungen konkreter werden zu lassen. Aber wenn die Tagträumerei zu viel Zeit beansprucht, wird das, wovon wir träumen, niemals eintreten.

Fernsehen: Wie leicht ist es, einen Knopf zu drücken und in eine andere Welt einzutauchen! Einmal war ich in eine bestimmte Fernsehserie vernarrt. Das wurde zum Problem, weil ich glaubte, ich müsse zu einer bestimmten Zeit im Sessel sitzen, um „mein Programm" anzuschauen. Darunter litt natürlich die Hausarbeit. Messies sind besonders anfällig für das Fernsehsyndrom, weil es dem Tag eine gewisse Ordnung verleiht. Die verschiedenen Programme helfen uns, unsere Zeit zu gestalten. Dazu kommt, daß wir das Gefühl haben, wir hätten ein Ziel erreicht, wie gering es auch sein mag, wenn wir uns vornehmen, eine bestimmte Sendung zu sehen und das auch tun.

Besuche machen: Wir haben ein starkes Bedürfnis nach freundschaftlichen Kontakten. Wir sagen uns, daß Freunde wichtiger sind als der Haushalt. So können wir Stunden am Telefon oder beim Kaffeeklatsch mit einer Freundin verbringen, so daß am Schluß keine Zeit mehr für die Hausarbeit bleibt, selbst wenn wir uns fest vorgenommen hatten, gerade an diesem Tag dieses oder jenes zu erledigen.

Das Telefon abschalten, den Hörer neben die Gabel legen oder ihn gar nicht abnehmen, es sei denn, Sie hätten mit jemandem einen Anruf vereinbart — so kann man ungeplante Vergeudung der Zeit vermeiden. Wie auch immer: Versuchen Sie sich am Telefon oder bei Gesprächen kürzer zu fassen, wenn dieser Bereich ein Problem für Sie ist.

Aus dem Haus gehen: Die Abwesenheit von zu Hause ist auch eine Möglichkeit, der Hausarbeit zu entkommen. Zu viele soziale Verpflichtungen, Clubs, ehrenamtliche Tätigkeiten oder häufige Einkaufsbummel hindern uns, unseren häuslichen Verpflichtungen nachzukommen. „Ich bin so beschäftigt, daß mir für Hausarbeit einfach keine Zeit bleibt." Tägliche Einkäufe und Chauffeurdienste für die Kinder „zerreißen" größere Zeitspannen.

Dies alles sind an sich ehrenwerte Aufgaben, bis Sie sich einmal die verlorene Zeit klarmachen, die Sie produktiver hätten nutzen können.

Perfektionismus und hohe Ideale: Das Hinausschieben von Arbeit geschieht häufig in verschleierter Form: Wir brauchen einen ganzen Vormittag, um den Backofen zu reinigen, wir bügeln Kleidung, die auch ungebügelt ordentlich aussieht, wir spielen stundenlang mit den Kindern, wir beschäftigen uns mit irgendeinem kleinen Bereich unseres Haushalts oder unseres persönlichen Lebens und umgehen so die wirklich wichtigen Arbeiten, die unbedingt erledigt werden müssen.

Sentimentalität und altmodisches Gehabe: Brot oder Kuchen selbst backen, Kleidung aus 100 % Baumwolle kaufen, die man dann bügeln muß, die Fenster auf althergebrachte Weise putzen, die eigenen Reinigungsprodukte zusammenmixen oder irgendwelchen Nippes sammeln, der abgestaubt werden muß — diese Tätigkeiten sind so zeitraubend und undankbar, daß wir sie möglichst umgehen. Liegen bei Ihnen auch irgendwelche staubigen Kleidungsstücke in einem Korb herum, bis Sie einmal Zeit finden, sie zu bügeln?

All das ist letzten Endes nur eine Flucht vor den wichtigen Arbeiten, die wir nicht tun wollen. Wir erledigen Arbeiten, die einfacher oder uns vertrauter sind, oder tun Dinge, die uns in ihrer Dringlichkeit geradezu herausfordern, weil wir sie so lange haben anstehen lassen, statt uns Ziele zu setzen und auf diese hinzuarbeiten.

Halten Sie einmal inne und machen Sie drei Tage lang Aufzeichnungen darüber, wie Sie Ihre Zeit nutzen. Wieviel Zeit nehmen Sie sich wirklich für geplante Hausarbeit? Vielleicht sind Sie überrascht, daß die Aussage: „Ich habe keine Zeit für Hausarbeit" tatsächlich zutrifft, und zwar, weil Sie es zulassen.

Wie man Entscheidungen trifft

Viele Menschen schieben auch deshalb Arbeiten vor sich her, weil sie so ungern Entscheidungen treffen. So war Monika: Sie geriet schon in Panik, wenn sie in einem Restaurant eine lange Speisekarte vorfand. Die Entscheidung, wo was aufbewahrt oder wann eine Arbeit getan werden sollte, überforderte sie ganz und gar.

Monikas Problem ist nicht ungewöhnlich. Sie hatte schon früh gelernt, daß ihre Entscheidungen nicht immer die besten waren. Bei allem, was sie tat, kritisierte die Mutter sie oder machte Änderungsvorschläge. Immer wurde sie zu noch besseren Leistungen angetrieben. Monika lernte also, daß sie ihrem eigenen Urteil nicht trauen konnte. Es war weniger schmerzhaft, gar keine Entscheidung zu treffen, als das Risiko einer falschen Entscheidung einzugehen. So begann sie, Arbeiten vor sich herzuschieben. Es fiel ihr so schwer, sich zu entscheiden, wie sie den Schrank umräumen sollte, daß sie es lieber bleibenließ. Das war natürlich auch eine Entscheidung, nämlich die Entscheidung, die Arbeit *gar nicht* in Angriff zu nehmen.

Diese Unschlüssigkeit, eine Entscheidung zu treffen und eine Aufgabe in Angriff zu nehmen, hat mit Ängstlichkeit und einem schwachen Selbstbild zu tun. Wenn wir jedoch eine Entscheidung treffen, bekommen wir das Gefühl, unser Leben im Griff zu haben, wir machen unsere Wünsche geltend und verbessern unser Selbstbild. Auf diese Weise übernehmen wir die Kontrolle über unser Leben, statt daß das Leben uns kontrolliert.

Wie können wir dieser Unfähigkeit, Entscheidungen zu treffen, beikommen? Wie können wir unser Zaudern überwinden? Vielleicht helfen Ihnen diese Anregungen:

1. Schränken Sie Ihre Auswahl ein: Seien Sie barmherzig mit sich selbst. Nehmen wir als Beispiel Monika, die sich nicht entschließen konnte, was sie im Restaurant bestellen sollte. „Dieses Problem hatte ich auch", gestand ihre Freundin Esther. „Also überlegte ich mir ein bestimmtes ‚Bestellmuster'. Wenn ich ausgehe, bestelle ich entweder Schweinefleisch, Rindfleisch, Fisch oder Geflügel, in dieser Reihenfolge. Das heißt, wenn ich das letzte Mal Fisch bestellt hatte, ist jetzt ein Geflügelgericht an der Reihe. So beschränke ich meine Auswahlmöglichkeit, und mir fällt es leichter, eine Entscheidung zu treffen."

2. Bestimmen Sie im voraus, was getan werden muß: Die Stärke des Kartensystems liegt darin, daß man im voraus beschließt, welche Hausarbeiten erledigt werden müssen.

3. Setzen Sie sich Ziele: Jede Entscheidung, die wir treffen, bewegt uns in eine bestimmte Richtung. Wir müssen uns also vorher überlegen, wo unser eigentliches Ziel liegt. Dann werden wir unsere Entscheidungen auf dieses Ziel ausrichten.

4. Machen Sie einen Anfang: Der Anfang ist immer das Schwerste, weil so viele unbekannte Entscheidungen vor uns liegen, besonders bei einer neuen Aufgabe. Einfach mal anzufangen ist auch deshalb so wichtig, weil wir erst dann erkennen, welche Informationen uns noch fehlen. Wir sehen jetzt auch, wie eine bestimmte Aufgabe organisiert werden muß. „Frisch begonnen ist halb gewonnen."

5. Stellen Sie sich die Frage: „Was könnte schlimmstenfalls passieren?" Sie befürchten also, Ihre Entscheidung könnte nicht optimal sein. Jetzt fragen Sie sich einmal: *„Was könnte denn schlimmstenfalls geschehen?"* Über die Antwort werden sie oft erstaunt sein. Die schwerwiegende Entscheidung hat gar nicht so schlimme Folgen, wenn Sie sie in diesem Licht betrachten.

6. Haben Sie den Mut, Fehler zu machen. Sie sind nicht vollkommen und werden immer wieder Fehler machen. Das gehört zum Leben.

7. Informieren Sie sich. Mangelnde Information erschwert unsere Entscheidungen unnötig.

8. Schaffen Sie die Voraussetzung: Wenn der Haushalt, das Scheckbuch, die Wäsche und das Leben im allgemeinen im Chaos versinkt, ist es kein Wunder, daß wir Mühe haben, überhaupt irgendwelche Entscheidungen zu fällen. Wenn wir unseren Haushalt und unseren Tagesplan in den Griff kriegen, können wir auch besser erkennen, was wir überhaupt brauchen und wie wir es bekommen.

9. Übernehmen Sie die Kontrolle: Der Wendepunkt in unserer Entschlußlosigkeit wird sich dann einstellen, wenn wir eine bevorstehende Entscheidung als positive Möglichkeit, nicht als Bedrohung, begreifen.

Wenn wir einmal anfangen, Entscheidungen zu treffen, werden wir auch unsere zögernde und abwartende Haltung in den Griff bekommen. Dieses Zaudern ist nicht irgendeine Schwäche in unserer Persönlichkeit, es gibt dafür ganz bestimmte Ursachen. Finden Sie den Schwachpunkt in Ihrem Leben, der Sie immer wieder dazu verleitet, Dinge hinauszuschieben, dann wird Ihr Zaudern bald der Vergangenheit angehören.

Bekenntnis eines Zauderers

Da Zaudern, zumindest teilweise, auch ganz einfach eine Gewohnheit ist, nehme ich mir Folgendes vor, um mit dieser Gewohnheit zu brechen:

* Ich mache das Bett, sobald ich aufgestanden bin.
* Ich fülle den Eiswürfelbehälter auf, sobald er leer ist und stelle ihn ins Tiefkühlfach.
* Ich stelle neues Toilettenpapier hin, bevor das alte aufgebraucht ist.
* Unmittelbar nach dem Essen decke ich den Tisch ab, spüle das Geschirr (oder stelle es in den Geschirrspüler) und räume die Küche auf. Diese Aufräumarbeiten betrachte ich als einen Teil der Mahlzeit.
* Wenn ich etwas herausgenommen habe, stelle ich es auch wieder weg und sage nicht, daß ich es bald wieder brauche.
* Ich räume meine Malsachen, Töpferutensilien, Nähzeug und andere Dinge weg, sobald ich an diesem Tag damit fertig bin, auch wenn ich sie morgen wieder brauche.
* Ich sortiere die Post, sobald ich sie aus dem Briefkasten hole, und lege sie nicht erst auf einen Stapel.
* Ich räume meine Kleidung und Schuhe weg, sobald ich sie ausgezogen habe.
* Ich versuche alles zu bemerken, was nicht an seinem Platz liegt.
* Ich werde auf die drei kleinen Worte hören:
    Tu es jetzt!
    die mir mein Gewissen einflüstert, wenn ich wieder versucht bin, eine Arbeit hinauszuschieben.

15. Kapitel

Wie man Zeit gewinnt und einspart

Was jederzeit getan werden kann, wird nie getan.
Englisches Sprichwort

Wir behaupten oft, wir hätten nicht genug Zeit für den Haushalt. Das mag in einigen Fällen zutreffen. Es gibt Leute, die ihr Leben so verplant haben, daß sie wirklich nicht „genug" Zeit haben, ihren Haushalt so zu führen, wie sie es gerne tun würden.

So ein Mensch ist Doris. Sie ist verheiratet und hat einen behinderten Sohn. Sie arbeitet sechs Tage in der Woche und geht einmal im Monat an einem ihrer freien Tage in den Gartenclub.

So bleiben ihr also drei freie Tage im Monat. Unter solchen Umständen ist es natürlich schwer, den Haushalt in Ordnung zu halten. Doch trotz alledem macht Doris gute Fortschritte, weil sie ihre Zeit gut einteilen kann. Es gibt Frauen, die in der Lage sind, einen ungeheuren Tagesplan zu bewältigen. Für die meisten Messies ist es jedoch besser, genügend Zeit einzuplanen, damit wir das, was getan werden muß, tun können, ohne einen übermenschlichen Kraftakt zu vollbringen. Wir sind schließlich keine Superfrauen.

Hinter der Aussage, wir hätten nicht genug Zeit, steht in der Regel ein organisatorisches Problem. Hier und da stehen uns ja ein paar Minuten zur Verfügung, aber weil wir keine Pläne haben oder uns nicht an sie erinnern, verstreicht diese Zeit ungenutzt. Es gibt zwischen großen Zeitblöcken viele „kleine Minuten" — wir müssen nur bereit sein, sie zu nutzen.

Es erscheint Ihnen vielleicht merkwürdig, daß die Nutzung von ein paar Minuten so viel ausmacht. An genau diesem Punkt unterscheiden sich Cleanies ganz deutlich von Messies. Cleanies schätzen kleine Minuten. Sie nutzen auch kleinste Zeiteinheiten und können scheinbar viel erledigen, ohne stundenlang mit Hausarbeit beschäftigt zu sein. Sie reinigen zum Beispiel direkt nach dem Baden die Wanne, wischen das Waschbecken aus, nachdem sie sich die Zähne geputzt haben, und hängen die Kleider auf, sobald sie sie ausgezogen haben.

Von der Nutzung solch kleiner Minuten hängt Erfolg oder Scheitern ab. Erfolgserlebnisse sind sehr wichtig für unseren Seelenfrieden und unsere Produktivität.

Ich habe die Eigenart — und vielleicht geht es Ihnen ebenso —, nur an aufwendigere Arbeiten zu denken. Wenn ich einen Papierfetzen auf dem Boden entdecke, sage ich mir: *Ach, ich muß wohl mal wieder saugen!* und gehe daran vorbei. Meine Cleanie-Freundinnen würden sich bücken, das Papier aufheben, und die Sache wäre erledigt.

Ich glaube, daß die Vorstellung einer aufwendigen Arbeit zur besonderen Organisationsstruktur von Messies gehört. Wir denken eher an die große Arbeit, die vor uns liegt, statt die kleine Tätigkeit auszuführen, die gerade ansteht.

Der Grund liegt darin, daß wir eher gedanklich als visuell orientiert sind. Wir würden lieber eine Aktivität gründlich planen und sie dann ausführen (oder überhaupt nie tun; aber zumindest haben wir sie gut geplant), als immer nur schrittweise vorzugehen. Vielleicht wollen wir so unbewußt unserer Ablenkbarkeit entgegenwirken. Aber wie andere gute Ideen, die nicht funktionieren, müssen wir auch diese ablegen.

Manche Arbeiten erfordern jedoch ein gewisses Maß an Planung. Ein Beispiel dafür ist die Vorbereitung der Mahlzeiten. Kochen und Einkaufen nehmen viel Zeit in Anspruch. Um Zeit zu sparen, planen Sie Ihre Mahlzeiten und Einkaufslisten eine Woche im voraus. Hier ein Beispiel für die Mahlzeiten einer Woche und die dazu gehörige Einkaufsliste:

Essensplan für eine Woche:

Sonntag:	Brathähnchen, Reis, Rosenkohl
Montag:	Würstchen, Sauerkraut, Kartoffeln
Dienstag:	Spaghetti bolognese, grüner Salat
Mittwoch:	Fischstäbchen, Kartoffelsalat
Donnerstag:	Käseomelette, Tomatensalat
Freitag:	Nudelauflauf, Brokkoli
Samstag:	Fischfilet, Reis, Karotten

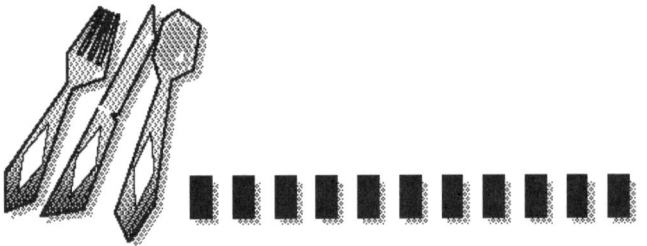

Einkaufsliste für eine Woche

Hähnchen
Würstchen
Hackfleisch
Fischstäbchen
Käse
Fischfilet

Rosenkohl
Sauerkraut
Salat
Tomaten
Brokkoli
Karotten
Reis
Kartoffeln

Spaghetti
Nudeln

Außerdem:

Toilettenpapier
Katzenfutter
Brot
Mayonnaise
Margarine
Wurst
Käse
Waschpulver
Zahnpasta
Seife
Geschirrspülmittel

Halten Sie auch Ausschau nach einfachen, aber guten Rezepten — es gibt auch gute Kochbücher für die „schnelle Küche".

An einem ganz hektischen Tag kann man auch einmal ein gebackenes Hähnchen oder dergleichen aus der Stadt mitbringen. Das verliert jedoch seinen Reiz, wenn es zu oft geschieht, aber gelegentlich ist es gewiß eine Erleichterung. Größere Mengen zu kochen ist ebenfalls zeitsparend. Kochen Sie eine doppelte Portion Spaghettisauce oder backen Sie zwei Hähnchen, dann haben Sie gleich die Grundlage für eine weitere Mahlzeit.

Eine meiner Lieblingsideen ist, daß der Ehemann gewisse Mahlzeiten übernimmt. Mein Mann grillt gerne, das heißt, er ist recht oft für unser Essen verantwortlich, da es in Florida sehr warm ist.

Achten Sie darauf, daß die Familienmitglieder nicht dauernd zu verschiedenen Zeiten essen. Das bringt Ihre Zeitpläne durcheinander und ist auch dem Familienleben nicht gerade förderlich.

Dann kann man natürlich ins Restaurant gehen. Das ist — wie das mitgebrachte Grillhähnchen — eine angenehme Abwechslung, aber es sollte auch nicht zur Gewohnheit werden.

> *Frage: Was macht eine vielbeschäftigte Frau zum Abendessen?*
>
> *Antwort: Sie reserviert einen Tisch im Restaurant.*

Aber unsere Einkäufe sind ja nicht nur auf Nahrungsmittel beschränkt. Überlegen Sie mal, wieviel Zeit Sie für sonstige Einkäufe brauchen!

Kataloge sparen Einkaufszeit und Energie. Ich bestelle gern aus Katalogen, weil es so praktisch ist und weil dort manchmal Dinge angeboten werden, die es gar nicht in Läden gibt. Sie brauchen nur eine Seite umzublättern, und schon sind Sie in einer anderen Abteilung. Kleidergrößen stellen manchmal ein Problem dar, aber auch das kriegt man mit der Zeit in den Griff. Auch Übergrößen werden in Katalogen geführt.

Was immer Sie einkaufen, verlieren Sie nicht unnötig Zeit. Vermeiden Sie Stoßzeiten, wenn Ihnen das möglich ist. Eine Hausfrau sagte einmal zu mir: „Ich gehe nie am Freitagnachmittag oder am Samstagvormittag einkaufen." Wenn es nicht unbedingt sein muß, kaufen auch Sie nicht an diesen Tagen ein.

Jedem von uns stehen vierundzwanzig Stunden täglich zur Verfügung, aber manche Menschen scheinen diese Stunden besser zu nutzen als andere. Denken Sie einmal darüber nach, ob die folgenden Maßnahmen Ihnen nicht zusätzliche Minuten, ja vielleicht Stunden einbringen:

1. Konzentrieren Sie Ihre Einladungen: Wenn das Haus so aussieht, daß man Besucher empfangen kann, laden Sie an zwei aufeinanderfolgenden Tagen Gäste ein;

und/oder

laden Sie doppelt so viele Leute ein, wie Sie das normalerweise tun würden — das heißt: *ein* Abend, *eine* Mahlzeit, *einmal* Aufräumen;

und/oder

Machen Sie einen „Abend der offenen Tür" für eine größere Anzahl von Freunden. So haben Sie viele ausstehende Einladungen auf einen Schlag erledigt und sparen eine Menge Zeit.

2. Weisen Sie allen Dingen einen bestimmten Platz zu: Wieviel Zeit geht mit der Suche nach allen möglichen Sachen verloren! Hängen Sie die Schlüssel ans Schlüsselbrett neben der Tür. Legen Sie die Brille immer an einen bestimmten Platz. Heben Sie die Rechnungen in einer dafür vorgesehenen Mappe auf.

3. Achten Sie darauf, ob Ihre Anschaffungen pflegeleicht sind: Kaufen Sie keine weißen Teppiche, Kleidung, die gebügelt werden muß, langhaarige Hunde oder Schnickschnack, der als Staubfänger im Regal herumsteht. Stellen Sie sich, bevor Sie etwas kaufen, die Frage: *Wird diese Anschaffung mich viel Arbeit kosten?* Weil wir in der Regel nur daran denken, wie schön es sein wird, einen bestimmten Gegenstand zu besitzen, und weil uns dessen Pflege als nicht so wichtig erscheint, kaufen wir, was uns gefällt, auch wenn wir vom Standpunkt der Pflege und Wartung eine schlechte Wahl treffen.

4. Schränken Sie Ihre Aktivitäten ein: Wenn Sie sich einmal hinsetzen und alle Ihre Aktivitäten aufschreiben würden, wären Sie vermutlich schockiert über all das, was sich da mehr oder weniger unmerklich in Ihr Leben eingeschlichen hat. Versuchen Sie, Ihren Tages- und Wochenplan einmal ganz sachlich zu analysieren — und dann beginnen Sie, einige Aktivitäten zu streichen.

Pflanzen, die zu nahe aneinander gepflanzt sind, behindern sich gegenseitig in ihrem Wachstum. Um starke und gesunde Pflanzen zu erhalten, muß man auch einige gute Schößlinge herausziehen, damit die anderen sich optimal entwickeln können. Manche von uns haben einen so vollgestopften Stundenplan, daß die Qualität der einzelnen Tätigkeiten darunter leidet. Wenn wir also die Quantität der Aktivitäten einschränken, wird sich die Qualität unseres Lebens verbessern.

5. Heben Sie die Dinge da auf, wo sie benutzt werden: Bestücken Sie jedes Badezimmer mit den entsprechenden Reinigungsutensilien. Bewahren Sie die Handtücher möglichst im Bad auf. Das Geschirr gehört in die Nähe der Spülmaschine, die Töpfe und Pfannen in die Nähe des Herds. Und merken Sie sich, wo Sie was aufgehoben haben. Es ist frustrierend, kostbare Zeit zu verlieren, weil man nach einem verlorenen oder verlegten Gegenstand sucht.

6. Organisieren Sie Telefonate und Besuchszeiten: Wenn Sie eine Menge Zeit mit Gesprächen verbringen, persönlich oder am Telefon, setzen Sie sich selbst zeitliche Grenzen. Wenn Sie bis zehn Uhr morgens Ihr Haus putzen, nehmen Sie in dieser Zeit keine Anrufe entgegen. Wenn Sie sich von sechs bis acht Uhr abends Zeit für Ihre Kinder nehmen, erklären Sie den Anrufern, daß Sie beschäftigt sind und später zurückrufen.

7. Arbeiten Sie schnell: In meinen Gesprächen mit Cleanies hörte ich immer wieder die Aussage: „Ich arbeite schnell" oder „Ich verliere keine Zeit". Cleanies wollen so schnell wie möglich mit ihrer Hausarbeit fertig werden, um dann Zeit für andere Dinge zu haben. Als Messie muß ich zugeben, daß ich bei der Arbeit viel mehr herumtrödelte und mich verzettelte. Cleanies arbeiten schnell, weil sie sich für ihre Arbeiten auch zeitliche Grenzen setzen.

8. Nutzen Sie die Technik, um die Hausarbeit zu erleichtern: In Sprüche 31,15, wo es um das Idealbild der tüchtigen Hausfrau geht, werden auch ihre Mägde erwähnt. Diese Frau wurde also in ihren Unternehmungen unterstützt! Auch wir brauchen Hilfe von außen. Solche Helfer sind beispielsweise elektronische Geräte wie Spülmaschine, Waschmaschine, Trockner oder Mikrowelle, die uns viel Zeit und Energie sparen.

Es gibt jedoch einen Punkt, an dem zu viele solcher Geräte unproduktiv werden, nämlich dann, wenn wir so viel Zeit brauchen, diese Geräte zu reinigen und sie so viel Platz einnehmen, daß ihr Nutzen in keinem rechten Verhältnis mehr zu diesem Aufwand steht. Hier sollten wir also nicht übertreiben.

9. Kaufen Sie Zeit: Jedem von uns stehen vierundzwanzig Stunden täglich zur Verfügung. Aber an jeden von uns werden in dieser Zeit unterschiedliche Anforderungen gestellt. Wenn Sie mehr Arbeit als Zeit haben, kaufen Sie sich die Zeit von jemand anderem. Stellen Sie eine Putzfrau ein. Fühlen Sie sich deswegen nicht schuldig. Sie vernachlässigen ja nicht Ihre Pflichten – Sie kaufen einfach mehr Zeit, wenn Sie sie benötigen.

Leider beseitigt eine Putzfrau aber nicht unser Grundproblem. Eine Frau berichtete mir, sie hätte eine ganztägige Haushaltshilfe, aber die hielt nur ihre diversen Stapel staubfrei. Eine andere Frau sagte, daß die Putzfrau von ihr zehn Dollar mehr verlange als von einer Nachbarin, weil die Arbeit in ihrem Haus so viel anstrengender sei. Grundsätzlich sind *Sie selbst* also die einzige Person, die Ihren Haushalt organisieren kann.

Dann müssen wir ja auch für die Putzfrau aufräumen. Es wäre doch sehr peinlich, wenn jemand kommen und unser Haus in seinem jetzigen Zustand sehen würde. Manche Haushalte sind noch nicht einmal reif für eine Putzfrau. Vielleicht können Sie auch für die grundsätzliche Organisation Ihres Haushalts jemanden zur Unterstützung anstellen.

Wenn Sie Ihr Organisationssystem aufgestellt und die Aufgaben für jeden Tag aufgelistet haben, können Sie der Putzfrau etliche dieser Aufgaben übertragen, und Sie selbst gewinnen Freiraum für andere Dinge. Die Haushaltshilfe verrichtet am besten Pflege- und Reinigungsarbeiten — so kann sie Ihnen eine echte Hilfe sein.

Eine Putzfrau ist jedoch überfordert, wenn sie an einem Tag Ihren Haushalt für eine ganze Woche in Ordnung halten soll. Sie müssen schon mit alten Gewohnheiten brechen und auch selbst Ihrem Tagesplan folgen, wenn Ihr Haus länger als einen Tag in der Woche gut aussehen soll.

Wenn Sie daran denken, eine Putzfrau anzustellen, ist es das beste, wenn Sie von Freunden jemanden empfohlen bekommen. Wenn Sie niemanden kennen, der Ihnen mit einer solchen Empfehlung weiterhelfen könnte, fragen Sie, wie Nachbarn oder Leute aus Ihrem Wohngebiet dieses Problem gelöst haben.

Aber ob mit oder ohne Putzfrau — Sie sind auf die Unterstützung und Mitarbeit Ihrer Familie angewiesen. Im nächsten Kapitel lesen Sie, wie Sie diese notwendige Unterstützung (fast) ohne Genörgel erhalten.

Hausregeln

Was Sie öffnen .... schließen Sie

Was Sie herausnehmen ... räumen Sie ein

Worin Sie schlafen .... ordnen Sie

Woraus Sie trinken .... spülen Sie ab

Was Sie ausziehen .... hängen Sie auf

Was Sie aufdrehen .... schalten Sie ab

Was Sie fallenlassen .... heben Sie auf

Was Sie ausschneiden .... ordnen Sie ein

Was weint .... trösten Sie

16. Kapitel

Wie man die Familie zur Mitarbeit gewinnt

*Es ist leichter, über ein Königreich zu herrschen,
als eine Familie zu organisieren.*
Japanisches Sprichwort

An einem Punkt werden Sie mit Ihrem Organisationssystem sicher auf Schwierigkeiten stoßen, nämlich, wenn Sie Ihre Familie zur Mitarbeit bewegen wollen. Lesen Sie einmal folgenden Brief:

Liebe Anonyme Messies,

mein Haushalt versinkt im Chaos, und ich fühle mich sehr unwohl dabei. Wie oft schaue ich aus dem Fenster, um zu sehen, ob etwa Besuch kommt! Einmal hatte ich gerade Lust zum Saubermachen, da fragten meine Kinder: „Wer kommt denn?" Das ist schlimm, oder? Ich habe drei Kinder im Alter von fünfzehn und acht Jahren und achtzehn Monaten. Seit das Baby auf der Welt ist, wurde alles noch schlimmer. Ich wünschte, ich wäre sehr ordentlich, aber ich bin's nun mal nicht.

Ist es überhaupt normal, einen so unordentlichen Haushalt zu haben? Ich sehe die Unordnung und werde deprimiert. Ich schäme mich. Ich weiß, daß ich Hilfe brauche. Meine fünfzehn-

jährige Tochter hilft schon, wenn ich sie darum bitte, aber das große Chaos kriegen wir so auch nicht in den Griff. Mein achtjähriger Sohn hilft nicht mit, selbst wenn ich ihn darum bitte, ebensowenig mein Mann. Ich sollte überhaupt nicht um Hilfe bitten müssen, ich sollte in der Lage sein, alles allein zu erledigen. Aber das bin ich nicht. Ich weiß, daß ich nie die „Hausfrau des Jahres" werde, aber es muß doch irgendeine Lösung geben.

Bitte, helft mir!
M.F.

Das Problem dieser Frau ist nicht ungewöhnlich. Seien wir doch realistisch. Nur weil Sie den Wunsch nach einem anderen Leben verspüren, heißt das noch lange nicht, daß der Rest der Familie zur gleichen Zeit den gleichen Wunsch hat. Auch müssen Sie sich klarmachen, daß vielleicht größtenteils Sie verantwortlich sind für die schlechten Gewohnheiten, die sich in Ihrer Familie entwickelt haben, besonders bei den Kindern. Gewohnheiten lassen sich nicht von einem Tag auf den anderen verändern, auch nicht in einer Woche. Wir brauchen Geduld und Entschlossenheit, um diese Hindernisse zu überwinden — auch eine große Portion Humor und Liebe für unsere Familie.

Aber wir sollten uns auch einen Aktionsplan überlegen. Zunächst müssen Sie Ihrer Familie Ihren Traum begreiflich machen. Drei Wochen, nachdem Sie mit Ihrem neuen Programm begonnen haben, rufen Sie einen Familienrat zusammen. Bis dahin haben Sie schon Ihre Glaubwürdigkeit unter Beweis gestellt. Halten Sie Ihr Traumziel schriftlich fest, und lesen Sie der Familie den Text vor.

Vielleicht können Sie sich auch mit folgendem Brief identifizieren und ihn Ihrer Familie vorlesen.

An die Familie eines änderungswilligen Messies:

Jemand, der euch sehr nahesteht, hat sich den „Anonymen Messies" angeschlossen. Sie möchte gern ihr Leben ändern, so daß der Haushalt kein Problem mehr für sie ist.

Dieser Entschluß, sich zu ändern, ist eine wichtige Entscheidung, und sie wird dabei eure Hilfe brauchen. Haushaltsführung ist eine sehr komplexe Angelegenheit. Die änderungswillige Messie ist im Sumpf dieser Vielschichtigkeit versunken, aber ab jetzt will sie sich nicht länger unterkriegen lassen. Sie glaubt, daß eine Veränderung angebracht – nein, *notwendig* ist!

Das Haus ist unser Stützpunkt. Es ist die Manifestation unserer Persönlichkeit. Wenn uns unerwarteter Besuch in Verlegenheit bringt, wenn wir keine Freunde einladen können, weil das zuviel Vorbereitung kostet, wenn wir wichtige Papiere nicht finden, wie Geburtsurkunde, Versicherungspolice, Unterlagen für die Steuererklärung oder dergleichen, dann leidet unsere Lebensqualität darunter und unser Selbstbild auch.

Und dann stellt man sich natürlich die Frage: Warum hat Soundso ein so ordentliches und schönes Haus, und ich mühe mich den ganzen Tag ab und bringe doch nichts zuwege? Stimmt etwas nicht mit mir? Und was könnte das sein?

Wenn das Haus aber einmal aufgeräumt, sauber und schön ist, nicht nur oberflächlich, sondern in allen Ecken und Winkeln, stellt sich ein Gefühl der Kontrolle ein. Selbstvertrauen und Würde ersetzen Frustration und Schuldgefühle.

Sobald der Messie das neue Haushaltsprogramm in die Praxis umsetzt, könnten von eurer Seite ganz unterschiedliche Reaktionen kommen:

Wenn du ein Cleanie bist: Wenn du eher ein Cleanie bist, wie wir das nennen (für den Haushaltsführung quasi eine natürliche Gabe ist), wirst du die Veränderungen sicher begrüßen. Das Chaos und die Unordnung haben dich fast verrückt gemacht. Endlich siehst du einen Hoffnungsschimmer am Horizont. Dich will ich ermutigen zu helfen, wo du kannst, aber sei geduldig und verständnisvoll. Jetzt ist **nicht** der Zeitpunkt für die Verbesserungsvorschläge und Anregungen, die du schon immer loswerden wolltest. Drängele nicht. Die Veränderung muß von innen kommen, selbst wenn das langsamer geht, als dir lieb ist. Es wird vielleicht Rückschläge geben, die dich und deinen Messie entmutigen. Aber denk dran: Ein Umweg ist keine Sackgasse. Mit ein wenig Ermutigung wird die Sache schon wieder ins Lot kommen.

Wenn du ein Messie bist: Wenn du selbst eher ein Messie bist, wird es dir womöglich schwerfallen, dich an dieses neue Leben zu gewöhnen. Vielleicht bist du ein Messie, der ebenfalls von diesem Messieleben frustriert ist. Auch du leidest unter dem Gefühl, die Kontrolle verloren zu haben, und den Problemen, die das mit sich bringt. Vielleicht bist auch du für eine Veränderung bereit. Dir wird die Anpassung leichtfallen, ja, sie wird ein Gefühl der Erleichterung hervorrufen. Oder du möchtest zwar, daß alles ordentlicher und sauberer wird, aber bist noch nicht bereit, selbst dazu beizutragen. Oder du sagst: „Mir ist es egal, wie das Haus aussieht. Ich wünschte, sie würde alles so laufenlassen wie bisher." Du mußt begreifen, daß es für jemanden, der dir nahesteht, sehr wichtig ist, ein schönes Haus zu haben, und daß du einen wesentlichen Anteil daran hast.

Wenn jemand sich entschließt, seine gesamte Haushaltsführung anders zu organisieren, betrifft das die Familie wie keine andere Entscheidung. Wenn jemand den Entschluß faßt, abzunehmen, mit dem Trinken oder Rauchen aufzuhören oder dergleichen, so ist das in erster Linie eine individuelle Angelegenheit, die seitens der Familie höchstens Ermutigung oder Geduld erfordert.

Im Falle der Haushaltsführung ist die Familie viel stärker von der Veränderung betroffen, weil sie ja selbst in diesem Haushalt lebt und arbeitet. Der einstmals lässige Messie achtet nun darauf, daß ihr das Telefonbuch wieder an seinen Platz zurücklegt, wenn ihr etwas nachgeschaut habt. Eure Schuhe im Wohnzimmer, die sie früher keines Blickes gewürdigt hat, werden nun zum Problem. Ihr werdet euch fragen, ob früher nicht alles besser war, bevor diese „wunderbare" Veränderung eingesetzt hat. Sehr oft werdet ihr davon überzeugt sein, daß alles besser war, bevor Mutter von diesem „Sauberkeitstick" befallen wurde.

An diesem Punkt ist eure Verständnisbereitschaft ganz wichtig. Der änderungswillige Messie macht jetzt eine ganz neue Erfahrung durch. Zum ersten Mal hat der Haushalt Vorrang, und zum ersten Mal hat sie das Gefühl, daß es Hoffnung gibt. Zum ersten Mal kämpft sie darum, einen Bereich ihres Lebens in den Griff zu bekommen, an dem sie vorher gescheitert ist. Wenn man etwas Neues in Angriff nimmt, muß sich erst alles einspielen — sie muß lernen, wie sie euch die Veränderung begreiflich macht, und ihr müßt lernen, wie ihr mit dieser neuen Situation umgeht. Seid also verständnisvoll, geduldig und vor allem, seid bereit zur Mitarbeit.

Veränderung ist immer schwer, aber sie ist der Mühe wert — nicht nur für den änderungswilligen Messie, sondern auch für euch. Ihr werdet wahrscheinlich nach einiger Zeit auch bei euch eine Veränderung feststellen und um keinen Preis mehr zu eurem alten Lebensstil zurückkehren wollen.

Alles Liebe, Mutter

Aber es genügt nicht, daß Sie Ihrer Familie Ihren Traum nur nahebringen. Jedes Mitglied der Familie muß bei der Lösung des Haushaltsproblems mithelfen, da sie alle Teil dieses Problems sind. Einer der Gründe, weshalb das Haus meiner Freundin Martina immer vorzeigbar aussieht, liegt darin, daß auch die Sechsjährige so erzogen ist, daß sie immer ihre Sachen aufräumt.

So sollten Sie zum Beispiel jede Aufgabe, bei der Sie die Mithilfe Ihrer Familie in Anspruch nehmen wollen, schriftlich festhalten. Dann sind es nicht Sie, die sagt, daß eine Arbeit getan werden muß, es ist die schriftliche Anordnung, die die Erledigung dieser Aufgabe fordert. Geschriebenes, besonders Gedrucktes, ist viel offizieller als Mutter. Mutters Stimme verklingt rasch und gerät in Vergessenheit. Das Geschriebene steht da, bis man es tut.

Lassen Sie bei der Erstellung Ihres Kartensystems Raum für das Abhaken von Aufgaben, so daß klar ersichtlich wird, ob eine Arbeit erledigt ist. Sie können zu Ihrem Sohn sagen: „Kai, ich möchte auf der heutigen Karte abhaken, daß der Mülleimer geleert ist. Das kann ich aber erst tun, wenn du den Eimer rausträgst. Ich möchte nicht mehr daran denken müssen, wenn ich mit dem Kochen anfange. Würdest du das bitte jetzt erledigen?"

Vergessen Sie nicht, ihn diese Aufgabe abhaken zu lassen, oder lassen Sie ihn zuschauen, wie Sie das tun. Vergessen Sie auch nicht, sich für die Erledigung der Arbeit zu bedanken. Ich habe die Erfahrung gemacht, daß Leute viel eher zur Zusammenarbeit bereit sind, wenn man mit einer Checkliste arbeitet und ihnen nicht nur aus einer plötzlichen Eingebung heraus sagt, was sie tun sollen.

Sie sollen den Kindern also nicht nur begreiflich machen, was Sie von ihnen erwarten, sie müssen ihre Arbeit ernstnehmen, indem Sie sie überprüfen. Die Leute tun in der Regel das, was nachgeprüft wird, nicht das, was man „nur" von ihnen erwartet. Erwarten Sie also nicht, daß Arbeiten aufgrund von mündlichen Anweisungen erledigt werden. Überprüfen Sie die erledigte Arbeit, und sparen Sie auch nicht mit Lob oder Belohnung, wenn die Aufgabe gut und schnell erledigt wurde.

An dieser Stelle scheitern viele von uns. Es ist so viel leichter, anzunehmen, daß die Kinder das getan haben, was man von ihnen erwartet hat, als die Sache nachzuprüfen. Da wir oft so zerstreut sind, fällt es uns schwer, jedesmal daran zu denken. Aber Kinder müssen wissen, daß ihre Arbeit wirklich jedesmal überprüft wird.

Passen Sie auch auf, daß das Chaos der Kinder nicht zu groß wird. Kinder schaffen in der Regel mehr Unordnung, als sie hinterher aufräumen können. Es ist auch deshalb so schwer für uns, sie zum Aufräumen ihrer Spielsachen zu bewegen, weil sie mit dieser Aufgabe überfordert sind: Das Zelt aus Bettlaken, das Puppengeschirr mit all den Puppen, die Kissen, die als Möbel dienen, die Kekse und die Saftkanne —

das alles wieder wegzuräumen erfordert eine Menge Arbeit. Es ist jedoch sinnlos, ihnen zu erlauben, all die Sachen herauszuholen, wenn sie sie nicht wieder wegräumen müssen. „Ihr Kinder habt das ganze Zeug hier ausgebreitet, und jetzt räumt ihr bitte alles wieder dahin, wo ihr es hergeholt habt. Ich möchte, das das alles verschwindet, bevor euer Vater heimkommt. Also auf geht's!"

Kindern fällt es viel leichter, all diese Dinge zum Spielen herzuholen, das Laken auszubreiten usw., als das Laken zusammenzufalten und das Puppengeschirr einzusammeln und abzuspülen. Sie sind jetzt natürlich auch müde, und ihre Konzentrationsfähigkeit läßt nach.

Was ist also zu tun? Ich muß offen gestehen, daß ich selbst gerne so ein richtiges Chaos um mich verbreite. Es ist ein herrliches Gefühl der Freiheit, einmal ohne Beschränkungen zu leben, wenn auch nur für einen Nachmittag. Ich habe jedoch gelernt, darauf zu verzichten, weil ich keine Lust mehr habe, ein riesengroßes Chaos zu beseitigen oder gar damit zu leben, wenn ich es nicht aufräume. Das ist mir diese „Freiheit" nicht wert. Aber weil ich weiß, wieviel Spaß es macht, einmal so ein richtiges Durcheinander anzurichten, neige ich dazu, es den Kindern zu gestatten, weil ich glaube, ihnen damit einen Gefallen zu tun. Somit überlasse ich sie dem Problem, das ich selbst gelernt habe zu vermeiden. Und das ist wirklich nicht fair.

Die Lösung ist also, daß man den Kindern hilft, ihr Spiel zu planen. Sie setzen ihnen Grenzen: wieviel Spielsachen sie herausholen dürfen, wo diese ausgebreitet werden und wie lange sie damit spielen dürfen. Sie werden natürlich mehr Sachen herausholen und mehr Zeit zum Spielen haben wollen, als Sie ihnen gestatten. Aber bald werden sie sich daran gewöhnen, ihr Spiel selbst besser zu planen, und Sie werden sich daran gewöhnen, auch in Ihren Forderungen maßvoller zu sein. Das alles wird zunächst für Sie mehr Aufwand bedeuten, weil Sie die ganze Angelegenheit überwachen müssen. Ich habe die Beobachtung gemacht, daß Kinder von Cleanies geordneter spielen als meine, weil ihren ungehemmten Aktivitäten schon früher Grenzen gesetzt wurden.

Sagen Sie Ihren Kindern im voraus, wieviel Zeit sie zum Spielen haben. Zehn Minuten vor Ende der Spielzeit künden Sie an, daß sie in zehn Minuten mit Spielen aufhören und aufräumen müssen, und halten Sie sich auch an diesen Zeitplan.

Verhaltensänderung ist eine weitere Methode, schlechte Angewohnheiten von Kindern zu bekämpfen. Hier müssen Sie sich ernsthaft Gedanken machen und einen Plan aufstellen, der den Bedürfnissen Ihrer Situation gerecht wird. Zunächst überlegen Sie einmal, welche schlechte Angewohnheit Sie abschaffen wollen. Ist das Wohnzimmer von Spielsachen übersät, lassen die Kinder ihre Bücher überall herumliegen, wird das Bett nicht gemacht, oder werden die Kleider nicht in den Schrank gehängt? Konzentrieren Sie sich auf diese eine Sache, und arbeiten Sie mit Belohnungen.

Wenn Sie mehrere Kinder haben, lassen Sie sie als Team zusammenarbeiten. Wenn es dem Team gelingt, einen Tag lang die schlechte Angewohnheit abzulegen, werden sie sofort belohnt. Wenn einer aus der Reihe tanzt, erhält das ganze Team erst am nächsten Tag eine neue Gelegenheit, sich eine Belohnung zu verdienen. Schaffen Sie eine positive Wettkampfatmosphäre. Kritisieren Sie jedoch nicht das Kind, das an diesem Tag gescheitert ist. Ermutigen Sie die Kinder, und erwarten Sie Positives.

Halten Sie sich dabei aber immer vor Augen, daß Sie das Haus nicht um den Preis eines gestörten Familienlebens in Ordnung bringen wollen. Das Haus ist für die Familie da, nicht umgekehrt, also lassen Sie bei der Umorganisation Ihres Haushalts Liebe und Humor walten. Wie in allen Dingen kommt man auch hier mit Liebe und Geduld am weitesten. Wenn die Kinder mit dem Aufräumen fertig sind, kann auch eine gemeinsame Unternehmung als Belohnung eingesetzt werden.

Die Verhaltensänderung beim Ehemann steht auf einem anderen Blatt. Hier will ich mir nicht anmaßen, Ihnen zu raten, wie Sie am besten mit Ihrem Mann zusammenarbeiten. Jede Ehe und jede Beziehung ist anders. Wenn Sie den Haushalt zu einer Streitfrage zwischen Ihnen beiden erheben, könnten Sie mehr verlieren als gewinnen.

Ich finde, daß in meiner Familie die beste Methode darin besteht, das Haus sehr gut in Ordnung zu halten. Wenn jemand an irgendeiner Stelle Unordnung anrichtet, fällt das sofort ins Auge. Niemand mag gerne einen geordneten Bereich in Unordnung bringen. Das ist jedoch keine Patentlösung. Nach dreiundzwanzig Jahren Ehe mit mir hatte auch mein Mann einige schlechte Angewohnheiten angenommen. Es ist schwer zu sagen, wie er sich in der Ehe mit einem Cleanie entwickelt hätte. Als ich eines Tages den Eindruck hatte, daß er sich nicht genügend für meine Vision eines geordneten Haushalts interessierte, entschloß ich mich, das zu tun, was ich auch meinen Kursteilnehmern rate: „Wenn Sie ein Problem haben, reden Sie darüber."

So redete ich also mit ihm. Ich machte ihm keine Vorwürfe, sondern versuchte, meinen Gefühlen Ausdruck zu verleihen. Mein Mann berichtete mir dann aus seiner Sicht, wie er manche Dinge sah, und mir leuchtete manches ein. Ich hatte oft gar nicht bemerkt, wo er mich unterstützt hatte und daß er hinter mir stand. Dieses Bewußtsein nahm eine Last von meiner Seele.

Sicher läuft hin und wieder manches schief. Ich habe meine Schwachpunkte und er seine. Aber er spricht mich auf meine Schwächen an und ich ihn auf die seinen. Wir versuchen, unser Fehlverhalten zu ändern und gehen auf unserem Weg weiter — meistens in die richtige Richtung.

Vielleicht haben Sie versucht, mit Ihrem Mann ein Gespräch zu führen, aber es hat wenig genutzt. Versuchen Sie doch einmal, Ihre Gefühle in einem *Brief* auszudrücken

Mein Liebster!

Zuerst möchte ich Dir sagen, wie lieb ich Dich habe. Du hast mein Leben und unsere Ehe so bereichert, darüber freue ich mich sehr.

Mit diesem Brief möchte ich Dir ein Problem von mir nahebringen. Ich habe mich so lange Zeit mit mir selbst und mit dem

Haushalt abgemüht und versucht, die Unordnung in den Griff zu bekommen. Du kannst mir glauben: Es ist tatsächlich ein Kampf.

Ich werde mich auch weiterhin bemühen, denn es stört und ärgert mich, daß ich nie weiß, wo die Dinge sind, oder daß ich auf der Suche nach irgend etwas durch Berge von Unordnung waten muß. Es macht mir Sorgen, daß vielleicht wichtige Papiere in den Stapeln verlorengehen (ich weiß, daß sie wahrscheinlich da sind — aber wo?). Ich fürchte mich richtig vor unangemeldeten Besuchern. Ich möchte einmal Gäste einladen können, ohne vorher Großputz machen zu müssen.

Aber ich glaube, mein größter Wunsch ist es, in einem schönen Haus zu wohnen, und ich möchte das Gefühl haben, daß ich meinen Haushalt unter Kontrolle habe. Vielleicht empfindest Du das ganz anders als ich. Aber ich wette, daß Du Dich genauso freuen würdest wie ich, wenn hier alles schöner aussähe und ich den Haushalt im Griff hätte — und Du würdest stolz auf unser Haus sein. Ich bitte Dich daher um zwei Dinge:

Erstens: Ich habe die Hoffnung, daß Du mich in meinem Wunsch nach einem anderen Lebensstil unterstützt. Echte Fortschritte werden sich nur einstellen, wenn wir uns in dieser Sache einig sind.

Zweitens: Ich möchte Dich bitten, die Dinge, die Du herausnimmst, wie Eiscreme, Zeitschriften, Schuhe usw., wieder an ihren Platz zu räumen. Ich bitte Dich auch, daß Du mir hilfst, unser Haus aufzuräumen und den überflüssigen Krempel loszuwerden, der sich angesammelt hat.

Das ist eine große Aufgabe, die uns viel Kraft und Zeit kosten wird. Aber wir wollen sie gemeinsam in Angriff nehmen.

Ich freue mich schon auf diese Veränderungen.

In Liebe,
Deine Frau

Ein solcher Brief kann eine ganze Palette von Reaktionen hervorrufen: Begeisterung (ziemlich unwahrscheinlich), Verblüffung, Widerstand oder gar Schlimmeres. Lassen Sie sich nicht entmutigen. Wenn die Reaktion Ihres Mannes negativ ist, haben Sie Geduld. Geduld ist sehr wichtig in einer Ehe und zahlt sich in der Regel aus, wenn sie Liebe und Treue zum Partner als Grundlage hat.

Newtons Trägheitsgesetz besagt, daß ein Körper im Zustand der Ruhe verharrt, solange keine Kräfte auf ihn einwirken. Auf die Hausarbeit bezogen heißt das, es wird nicht einfach sein, mit alten Verhaltensmustern zu brechen. Verändern Sie so viel, wie Ihr Mann im Moment verkraften kann. Sie werden vermutlich feststellen, daß es Ihnen im Laufe der Zeit leichter gemacht wird. Das alles ist nicht einfach, aber es ist der Mühe wert.

Wie man seine Familie für die Mitarbeit im Haushalt gewinnt:

◆ Verstecken Sie die Katze. Dann fragen Sie Ihre Tochter, ob sie sich vielleicht zwischen dem Ramsch in ihrem Kleiderschrank verirrt hat.

◆ Verkündigen Sie Ihrem Sohn, es sei an der Zeit, eine Hausführung für seine neue Freundin zu veranstalten — einschließlich seines Zimmers.

◆ Lassen Sie die Socken Ihres Mannes da liegen, wo er sie hat fallen lassen, bis er um sechs Uhr an einem kalten Morgen in Panik gerät.

◆ Lassen Sie den angeknabberten Knochen Ihres Hundes da liegen, wo er liegt — zwischen Schlafzimmer und der Hintertür. Dann warten Sie, bis Ihr Mann den Hund um vier Uhr morgens rauslassen muß.

17. Kapitel

Noch mehr
Organisationstips

Wer sich die Hausarbeit schwermacht,
hat nichts Besseres zu tun.
Sandra Felton

Es ist mein Wunsch für Sie und auch für mich, daß die Organisation und Instandhaltung unseres Haushalts so wenig Zeit wie nur möglich in Anspruch nimmt. Ich halte es nicht für unrealistisch, daß wir unsere Arbeit in zwei oder drei Stunden täglich erledigen können. Wenn Sie außer Haus arbeiten, werden Sie weniger Zeit und Energie für die Hausarbeit haben. Aber auch Sie können Ihren Haushalt in relativ kurzer Zeit in Ordnung halten!

Um das zu erreichen, müssen erst einmal viele vollgestellte Flächen leergemacht werden. Die Oberfläche des Wasserbehälters der Toilette und das Fenstersims im Bad sind besonders anfällig für Unordnung. Auch Küchenfenster und Theken laden förmlich dazu ein, Dinge darauf zu stellen: Flaschen, Krüge, Papierrollen oder Küchengeräte. Die Reinigung dieser Flächen wird somit zum Alptraum. Man kann nicht mal eben schnell am Morgen die Flächen abwischen, wenn erst dieser ganze Krempel zur Seite geräumt werden muß.

Die beste Lösung für die Ordnung im Bad ist ein Behälter, den man in der Dusche anbringen kann. Hier kann man dann Shampoo, Haarfestiger, Seife und Waschlappen unterbringen.

Für die Küche schlage ich vor, daß die Theke fast leer bleibt. Lange Zeit habe ich mich gegen diesen Gedanken gewehrt. Mir war aufgefallen, daß bei zwei meiner Cleanie-Freundinnen die Theke in der Küche praktisch leer war. Trotzdem war ich noch nicht bereit, meine Theke zu räumen, da ich das für unnötig und ziemlich extrem hielt.

Dann las ich ein Buch, in dem ebenfalls der Vorschlag gemacht wurde, die Theke nicht als Abstellplatz zu benutzen. Das machte die Sache offiziell. Wenn etwas in einem Buch steht, bekommt es gleich mehr Gewicht. So versuchte ich also, diese Idee in die Tat umzusetzen — und ich habe es nicht bereut.

Das Abräumen der Küchentheke und das Sortieren meiner Kleidung nach Farben waren die Maßnahmen, die für mich die befriedigendsten Folgen hatten. Ich hatte damals nicht geglaubt, daß diese Schritte sonderlich wichtig waren, aber es stellte sich heraus, daß beide entscheidende Erleichterungen darstellten. Ich nahm die Dosen von der Theke und verteilte sie in die Küchenschränke. Ich stellte die Küchenmaschine unter die Theke an einen Platz, an dem vorher ein Gerät stand, das nie benutzt wurde und das ich ausrangiert hatte. Toaster und Kaffeemaschine ließ ich auf der Theke stehen, obwohl meine Cleanie-Freundinnen auch diese Geräte darunter aufbewahren. Aber inzwischen habe ich mich von dem Toaster getrennt, so daß sein Platz auf der Theke wieder frei ist. Wenn meine Familie Toast essen möchte, benutze ich dazu den Backofen.

Jetzt werden Sie sicher einwenden, Sie hätten keinen Platz unter Ihrer Theke. Ich kenne das Problem. Ich bin sicher, daß die Männer, die unsere Küchen planen, keine Ahnung haben, wieviel Stauraum notwendig ist.

In diesem Zusammenhang möchte ich Ihnen von der Erfahrung einer Frau berichten. Sie ließ ihre Küche umbauen und stellte die Küchengeräte während der Umbauarbeiten auf einen Verandatisch. Als der Umbau beendet war, beschloß sie, alles auf der Veranda zu lassen und nur die Gegenstände in die Küche zu räumen, die sie jeweils benötigte. Nach drei Monaten lagerte die Hälfte der Sachen immer noch auf der

Veranda. Stellen Sie sich vor, Sie würden diese Methode anwenden: Wie viele Dinge wären überflüssig und blieben auf der Veranda liegen?

Ich weiß, die Kartoffelpresse stammt noch von der Großmutter, und die Töpfe haben Sie von Onkel Henry geerbt. Aber Sie müssen an das Hier und Heute denken. Überlegen Sie, ob es nicht doch eine Möglichkeit gibt, manche Dinge unter der Theke wegzuräumen, um oben mehr Platz zu schaffen.

Man kann auch Zeit sparen, indem man verhindert, daß Dinge überhaupt erst schmutzig werden. Ein wenig Vorsorge erspart manche Putzaktion. Legen Sie zum Beispiel Fußmatten vor und hinter die Eingangstür, so daß erst gar nicht so viel Schmutz ins Haus geschleppt wird. Kleiden Sie den Backofen mit Alufolie aus. Wenn dann etwas überläuft, brauchen Sie nur die Folie auszutauschen, anstatt den ganzen Ofen zu reinigen. Um Spritzer auf dem Herd zu vermeiden, können Sie manche Sachen in Kochbeuteln garen oder zumindest hohe Töpfe benutzen.

Eines der größten Probleme im Bad war für mich der Seifenschaum von der Handseife. Er verschmiert die Seifenschale, schäumt über, wird hart und läßt sich schwer beseitigen. Ich hasse das.

Gerade zu der Zeit, als ich zu Veränderungen in meinem Haushalt bereit war, kam Flüssigseife in Mode. Das war die Lösung für mein Problem. Leider wird die Waschemulsion von meinen Teenagern sehr schnell verbraucht. Wenn die Flasche also leer ist, fülle ich sie mit Geschirrspülmittel. Manchmal gebe ich noch alte Seifenreste dazu, zusammen mit einigen Spritzern Parfüm. So werde ich auch die Seifenreste los, die zu klein sind, um sie zu benutzen, die ich aber aus Sparsamkeit auch nicht wegwerfen will.

Um in Zukunft Putzzeit zu sparen, ist es ratsam, besondere Problembereiche Ihres Haushalts ausfindig zu machen und nach speziellen Lösungsmöglichkeiten zu suchen. In meiner Küche stand zum Beispiel ein Eimer für Küchenabfälle. Er hatte keinen Deckel, da ich glaubte, es sei zu umständlich, jedesmal den Deckel abzuheben, besonders, wenn ich Essensreste in der Hand hatte. Das war keine befriedigende Lösung, da der Eimer erstens unansehnlich war und zudem die hineingeworfenen Essensabfälle Spritzer an der weißen Wand hinterließen, die dann wieder mit Bleichmittel und Seife geputzt werden mußte.

Als ich schließlich begriffen hatte, daß hier ein chronisches Problem vorlag, das einer Lösung bedurfte, war ich bereit, eine Lösung zu finden, aber ich wußte nicht, wie. Kurz darauf entdeckte ich in einem Laden einen Abfalleimer mit Deckel und Fußpedal, mit dem sich der Deckel hochklappen ließ. So würden erstens die Abfälle bedeckt sein, und die weiße Wand wäre durch den hochgeklappten Deckel vor Schmutzspritzern geschützt. Ich hatte solche Abfalleimer schon öfter gesehen, aber nachdem ich mein besonderes Reinigungsproblem erkannt hatte, sah ich sie mit anderen Augen. Wenn Sie die Absicht haben, ein Problem zu lösen, werden Sie einen Blick für eventuelle Lösungsmöglichkeiten entwickeln.

Schließlich ist es ganz einfach wichtig, Dinge wegzuräumen, wenn man Ordnung halten will. Es ist schwer, sich das anzugewöhnen, aber absolut unerläßlich.

Einmal war ich in einem Einkaufszentrum, in dem Hochbetrieb herrschte. Die Verkäufer im Schuhgeschäft hasteten hin und her, um die Kunden zu bedienen. Überall lagen Schuhschachteln und Schuhe herum. Plötzlich erschien der Geschäftsführer im Laden. „Sind das Ihre Schuhe, Bill? Und Ihre, Cal? Wer hat diese Schachteln geöffnet?"

Als ich ihn fragte, wie sie es schafften, all diese Schachteln und Schuhe richtig einzuordnen, gab er mir folgende Tips:

1. Immer wieder zwischendurch aufräumen.
2. Jeder Verkäufer hat seinen eigenen Verantwortungsbereich im Laden. So sieht der Geschäftsführer gleich auf einen Blick, wen er ansprechen muß, wenn ein Bereich in Unordnung ist.
3. Geht ein Verkäufer ins Lager, um Schuhe zu holen, nimmt er jedesmal etwas aus dem Laden mit, ob es in seinem Bereich herumliegt oder nicht.

4. Über diesen Punkt sprach der Geschäftsführer nicht — das konnte ich mit eigenen Augen sehen. Er gab die Richtlinien aus und setzte Maßstäbe und kümmerte sich persönlich darum, daß das System funktionierte.

Die Anwendung auf unseren Haushalt liegt auf der Hand:
1. Lassen Sie die Aufräumungsarbeiten nicht zu lange anstehen.
2. Machen Sie einen übersichtlichen Plan, dann können Sie überprüfen, wie jedes Familienmitglied seine Aufgaben erledigt.
3. Jeder ist für seinen Anteil verantwortlich und arbeitet auch im Team zusammen, damit die anstehende Arbeit getan wird.
4. Wir verlassen uns nicht darauf, daß der Plan von selbst funktioniert. Wir überprüfen, ob die Aufgaben erledigt werden, und ermutigen die Familie zur Mitarbeit. Denken Sie daran, daß man eher das tut, was nachgeprüft wird, als das, was „nur" von einem erwartet wird.

Diese Grundsätze sind auf alle Aspekte der Haushaltsführung anwendbar — auch auf den Einkauf von Lebensmitteln. Wenn Sie eingekauft haben, räumen Sie die Sachen gleich dahin, wo sie hingehören. Falten und verstauen Sie die Tüten sofort, oder werfen Sie sie weg. Lassen Sie die Lebensmittel auf keinen Fall in der Tüte oder schlimmer noch — im Auto.

Das Prinzip läßt sich auch auf unsere Wäsche anwenden, die gleich nach dem Trocknen zusammengelegt und in die Schränke geräumt werden sollte. Das gleiche gilt für die Post, die man ebenfalls entweder sofort wegwirft oder einsortiert. Wenn ich einen Brief schreibe, werfe ich ihn gleich in den Briefkasten — so kann er nicht abhanden kommen oder schmutzig werden. Im Geschäftsleben lernt man, Unterlagen nur einmal zur Hand zu nehmen. Als Manager unseres Haushalts sollten wir dieses Prinzip ebenfalls anwenden. Erledigen Sie die Arbeiten gleich, wenn sie anfallen. Warten Sie nicht, bis sich die Arbeit wie ein Berg vor Ihnen auftürmt.

Noch mehr Organisationstips

Hier sind noch einige bewährte Vorschläge, wie Sie Ihren Haushalt in den Griff bekommen:

Für jeden Zweck ein Zimmer: Achten Sie darauf, daß jedes Zimmer zu dem Zweck genutzt wird, für den es vorgesehen war. So ziehen Sie Ihre Schuhe nicht im Wohnzimmer aus und essen nicht im Schlafzimmer. Die Mahlzeiten werden im Eßzimmer oder in der Küche eingenommen, und im Schlafzimmer ziehen Sie sich um.

Nutzen Sie die Vertikale: Es gibt mehr Luft- als Bodenraum. Daher ist es ratsam, alles, was sich dazu eignet, aufzustellen, statt die Dinge auf Tische, Stühle oder Sofas zu legen.

Das gilt besonders für Zeitschriften. Wenn Sie mehrere Ausgaben aufheben wollen, bekleben Sie eine Cornflakesschachtel mit Plastikfolie. Dort stellen Sie die Zeitschriften hinein und plazieren den Karton aufrecht in ein Buchregal — jetzt liegen die Zeitschriften nicht mehr herum.

Sind Ihre Schubladen zu voll, gehen Sie nach demselben Prinzip vor und hängen Ihre Nachthemden oder was sich sonst noch dazu eignet, in einen Schrank.

Erleichtern Sie Ihre Arbeit: Benutzen Sie Küchen- und Gartengeräte, die effektiv arbeiten und Ihnen helfen, kostbare Zeit zu sparen.

Und nicht zuletzt: FANGEN SIE FRÜHMORGENS AN! Für die meisten Leute ist eine Viertelstunde am Morgen wertvoller als eine Stunde am Nachmittag.

Früh zu Bett und früh wieder raus —
geordnet und schön wird Ihr ganzes Haus.

Mit dieser Einstellung beginnen die meisten Cleanies ihren Tag. Stehen Sie also auf, kleiden sich an — und los geht's!

Allgemeine Anregungen

Schmutzrand am Kragen: Nehmen Sie Shampoo für die Reinigung von Kragen und Manschetten. Shampoo entfernt Körperfett, aus dem dieser Schmutzrand besteht.

Fensterputzen: Am einfachsten ist es, das Fenster mit Wasser zu besprühen und eine Gummiwalze zu benutzen. Nehmen Sie die Gummiwalze auch für Ihre Duschkabine, so verhindern Sie, daß sich Wasserflecken und Seifenreste absetzen.

Nichts verlieren: Sind Sie vergeßlich? Lassen Sie Ihre Sachen überall herumliegen? Schreiben Sie Ihren Namen samt Adresse und Telefonnummer auf alle kleinen Notizbücher und andere Dinge, die leicht abhanden kommen.

Bettwäsche aufräumen: Legen Sie Bett- und Kissenbezug samt dem dazu passenden Laken in einem Bündel zusammen. Dann haben Sie mit einem Griff die ganze Garnitur zur Hand.

Reinigung des Bades: Benutzen Sie für Wanne, Dusch- und Waschbecken Flüssigreiniger, da Reinigungspulver mit der Zeit die Oberflächen aufraut, oder nehmen Sie ein Pulver, das weniger scharf ist, sollten Wanne oder Waschbecken einmal sehr schmutzig sein.

Schmutzige Badewanne: Reinigen Sie die Wanne unmittelbar nach dem Bad, bevor sich verhärtete Schmutzränder von Körperfett bilden.

Reste: Hängen Sie eine Resteliste an die Kühlschranktür. Streichen Sie durch, was Sie verbraucht haben.

Saugen leicht gemacht: Benutzen Sie einen Staubsauger, den Sie aufrecht hinstellen können. Er ist viel bequemer herauszuholen und wieder zu verstauen. So werden Sie auch eher zwischendurch einmal saugen, weil es nicht mehr „so viel Aufwand" ist, das Gerät für diese kleine Arbeit hervorzuholen. Wenn Sie ein Haus haben, schaffen Sie auch für das obere Stockwerk einen kleinen Staubsauger an, den Sie in einer Abstellkammer an die Wand hängen können. Das wird Ihnen die Arbeit wesentlich erleichtern.

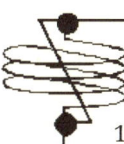

Die zehn Gebote der Haushaltsführung

1. Du sollst nicht versuchen, alles selbst zu erledigen. Laß dich von Kindern, Ehemann oder Putzfrau unterstützen, soweit das möglich ist.

2. Du sollst dir ein Ziel setzen, denn ohne Ziel wirst du gar nichts erreichen.

3. Du sollst einen Plan erstellen und dich auch daran halten.

4. Behandele deine Familie mit Liebe, während sich euer Leben verändert.

5. Du sollst deinen Tag nicht mit allzu vielen Aktivitäten füllen und nicht jeder Anfrage nachgeben. Setze deine eigenen Prioritäten und richte deinen Zeitplan nach ihnen aus. Übernimm die Kontrolle über deine Aktivitäten.

6. Du sollst so lange träumen, bis dein Leben mit deinem Traum übereinstimmt.

7. Du sollst dich für gelungene Arbeiten und erreichte Ziele belohnen.

8. Du sollst dir die Hausarbeit durch Rationalisierung erleichtern, denn nur, wenn uns die Arbeit leichtfällt, werden wir viel schaffen.

9. Du sollst Freude an Schönheit und Ordnung haben. Diese Ziele streben wir nicht allein aus Gründen der Nützlichkeit an. Nur wenn wir Freude an dem Ergebnis unserer Arbeit haben, werden wir bereit sein, auch weiterhin so zu arbeiten.

10. Du sollst nicht zaudern. Erledige die Arbeit, sobald sie anfällt, und verschiebe sie nicht auf später.

18. Kapitel

Energie:
Der Zündfunke
der Haushaltsführung

In den Sprüchen schreibt Salomo über die ideale Hausfrau: „Sie gürtet ihre Lenden mit Kraft und macht ihre Arme stark" (Sprüche 31, 17). Offenbar wußte diese Frau, wie sie ihre Energie erhalten und wo sie Kraft schöpfen konnte. Auch wir sollten uns darüber Gedanken machen.

Bei der Arbeit können wir zum Beispiel bequeme Schuhe tragen, wie Krankenschwestern oder Bedienungen im Restaurant. Wenn Sie außer Haus arbeiten, versuchen Sie, am Ende eines Tages so fit wie möglich nach Hause zu kommen. Falls Sie den ganzen Tag an einer Stelle stehen müssen, schaffen Sie sich eine federnde Matte an, damit Ihre Beine nicht zu rasch ermüden. Wenn es an Ihrem Arbeitsplatz sehr warm ist, benutzen Sie, wenn möglich, eine Klimaanlage oder einen Ventilator.

Während meines Mathematikunterichtes an der High School benutze ich nur einen Ventilator — es sei denn, es ist ungewöhnlich heiß. Denn die Klimaanlage ist so geräuschvoll, daß ich lauter sprechen muß, und das ist sehr anstrengend. Statt im Stehen an die Tafel zu schreiben, arbeite ich mit einem Overhead-Projektor, den ich im Sitzen bedienen kann. Das hat außerdem den Vorteil, daß ich beim Schreiben die Klasse im Auge behalte. So versuche ich, an meinem Arbeitsplatz mit meiner Energie zu haushalten. Sicher fallen auch Ihnen Möglichkeiten ein, wie Sie „energiesparender" arbeiten können.

Eine weitere Energiequelle ist unsere Ernährung. Wild-fang, das Pferd unserer Tochter, lebt in einem umzäunten Bereich unseres Hofes. Als wir das Pferd kauften, hatte es sehr hochwertiges Futter bekommen. Der Tierarzt empfahl uns jedoch, es mit Hafer zu füttern, da es in seinem eingeschränk-ten Lebensbereich nicht soviel Energie brauchte.

Dasselbe Prinzip gilt für Menschen. Finden Sie heraus, bei welcher Ernährung Sie sich am besten fühlen. Man ernährt sich nicht unbedingt automatisch richtig. Machen Sie sich Gedanken, welche Kombination von Nahrungsmitteln für Ihre spezielle Lebensweise angemessen ist.

Freunde von mir behaupten, daß ihre Leistungsfähigkeit spürbar nachläßt, wenn sie am Vortag vergessen hatten, ihre Vitamintabletten zu sich zu nehmen. Wenn es Ihnen ebenso ergeht, achten Sie auf regelmäßige Einnahme der Vitamine.

Auch eine vom Arzt verordnete Medikamenteneinnahme darf nicht vernachlässigt werden. Ich nehme ein Medikament für meine Schilddrüse, da der größte Teil meiner Schilddrüse entfernt wurde und der Rest nicht aktiv werden darf. Würde ich vergessen, das Medikament einzunehmen, oder glauben, daß ich auch ohne es auskomme, könnte das verheerende Fol-gen haben. Nehmen Sie Ihre Gesundheit ernst.

Eine Verbesserung unserer äußeren Erscheinung ist wohl die schnellste Möglichkeit, einen Energieschub hervorzuru-fen. Ein guter Haarschnitt in regelmäßigen Abständen ist für mich absolut obligatorisch. Ich habe dickes Haar, das leicht fet-tig wird. Wenn ich es wachsen lasse, hängt es schwer und schlaff an meinem Kopf herunter. Dann fühle auch ich mich schwer und schlaff.

Auch mit einem guten Make-up kann man seine Stim-mung – und damit seine Energie – erheblich steigern. Ich gehe in Parfümerien, von denen ich weiß, daß ich dort gründlich beraten werde. Verkäuferinnen in Kosmetikabteilungen von Kaufhäusern werden Ihnen auch weiterhelfen. Aber ich fühle mich ein wenig unwohl, wenn ich mitten im Kaufhaus auf einem Stuhl sitze und Make-up ausprobiere.

Hier ist jedoch eine Warnung angebracht. Kosmetik ist

teuer, und es ist daher ratsam, die Ausgaben für diesen Bereich von vornherein zu begrenzen. Schaffen Sie sich Ihre Kosmetikutensilien nach und nach an. Ich empfehle Ihnen auch, eine Farbberatung zu machen oder ein entsprechendes Buch zu lesen, so daß Sie wissen, welche Farben Sie „ins rechte Licht rücken".

Seit ich meinen Haushalt organisiert habe, habe ich meinen Kopf frei für Dinge, die ich früher vernachlässigt hatte – die Auswahl passender Schmuckstücke zum Beispiel. Ich trage zwar nicht täglich Schmuck oder anderes modisches Zubehör, aber ich bin froh, die richtigen Stücke zur Hand zu haben, wenn ich sie brauche. Früher herrschte bei mir ein solches Durcheinander, daß ich kaum wußte, was ich besaß, geschweige denn, wie ich es finden sollte.

Wer den ganzen Tag zu Hause verbringt, steht in der Versuchung, immer in denselben alten Klamotten herumzulaufen. Kaufen Sie sich ein oder zwei neue Kleidungstücke, und Sie werden sehen, wie sich Ihre Stimmung hebt. Wenn Sie früh aufstehen, duschen, Make-up auflegen, eine neue Bluse oder Shorts anziehen oder worin immer Sie sich bei der Arbeit wohlfühlen, ist das ein guter Start für den Tag. Solange Sie dagegen im Morgenmantel durch die Wohnung schlurfen, signalisieren Sie Ihrem Körper, daß Sie noch nicht zur Arbeit bereit sind. Wählen Sie Ihre Kleidung also ganz bewußt aus, auch wenn Sie zu Hause bleiben.

Und vor allem: Gehen Sie nicht wieder ins Bett! Schlafen ist eine Versuchung, weil wir so die anstehende Arbeit einfach vergessen können.

Auch eine langfristige Gewichtsveränderung wird neue Energie hervorbringen. Über- oder Untergewicht führt auf lange Sicht zur Erschöpfung und verhindert bei manchen Menschen jedwede Veränderung zum Positiven. Es gibt überall entsprechende Selbsthilfegruppen, in denen man sich Unterstützung und Ermutigung holen kann. Ihre Treffen werden in der Regel über die Tagespresse bekanntgemacht.

Ein Organ unseres Körpers besitzt riesige Energiereserven, die nur darauf warten, „angezapft" zu werden – nämlich das

Gehirn. Ist Ihnen schon aufgefallen, daß man angesichts einer unerledigten Arbeit sehr müde wird? Steht jedoch ein schönes Erlebnis bevor, scheint sich unser Energiereservoir aus dem Nichts aufzuladen. In einem unordentlichen Haus zu leben wirkt lähmend. Von William James stammt der Satz: „Nichts ist so ermüdend, als wenn wir eine unerledigte Arbeit ständig vor Augen haben." Er hatte recht! Die unzähligen unerledigten Arbeiten lassen den Tag wie einen unüberwindlichen Berg erscheinen. Wir schöpfen Kraft aus einem geordneten Umfeld und aus der Tatsache, daß es uns gelungen ist, die Kontrolle über unseren Haushalt zu gewinnen. Die Ordnung und Schönheit um Sie herum wird eine belebende Wirkung auf Ihren Körper und Geist haben.

Erfolg zieht weiteren Erfolg nach sich und damit Energie. Als eine Kursteilnehmerin drei Wochen das Haushaltsprogramm durchgeführt hatte, bekam sie von Ihrem Mann einen Blumenstrauß und eine Karte, auf der stand: „Das Haus sieht toll aus, Liebling!" Ob das einen weiteren Energieschub ausgelöst hat?

Damit unsere Energie nicht absinkt, müssen wir unsere Arbeit auch hin und wieder unterbrechen. Manche rotieren den ganzen Tag, um Ordnung in ihr Chaos zu bringen, und gönnen sich keine Pause. Wir haben das Gefühl, wir dürften uns nicht erholen, bis unsere Arbeit getan ist — und sie ist natürlich nie getan.

Nehmen Sie sich einen Tag in der Woche frei. Arbeiten Sie nicht, und nehmen Sie sich etwas Schönes vor. Sie werden merken, daß Sie am nächsten Tag mit ganz neuem Schwung an die Arbeit herangehen und auch mehr schaffen.

Unser Glaube ist ebenfalls eine Kraftquelle. Im Buch des Propheten Jesaja lesen wir: „Er gibt dem Müden Kraft und Stärke genug dem Unvermögenden ... die auf den Herrn harren, kriegen neue Kraft, daß sie auffahren mit Flügeln wie Adler, daß sie laufen und nicht matt werden, daß sie wandeln und nicht müde werden" (Jesaja 40,29.31). Ich habe das Gefühl, daß ein guter Teil unserer Müdigkeit und Unlust bei der Hausarbeit ihre Ursache in einem gewissen allgemeinen

Lebensüberdruß hat. Unser Problem kann eigentlich nur gelöst werden, wenn wir in der Lage sind, innere Freude zu empfinden.

Wenn wir uns ständig seichte Unterhaltungsserien im Fernsehen anschauen, so ist auch das eine Gewohnheit, mit der wir unbedingt brechen sollten. Die Menschen in diesen Serien sind Verlierer — interessante Verlierer, aber Verlierer eben. Ihr Verhalten ist auch unmoralisch, und sie sind daher eigentlich überhaupt ein schlechter Einfluß.

Ich erwähnte schon an anderer Stelle, daß ich einmal regelrecht süchtig nach einer solchen Serie war. Ich richtete meinen Tagesplan nach dieser Sendung aus. Ich konnte nicht einkaufen gehen, wenn die Gefahr bestand, daß ich nicht rechtzeitig zum Anfang der Sendung zu Hause war. Ich brauchte also wie ein Rauschgiftabhängiger meinen täglichen „Schuß", oder ich fühlte mich nicht mehr wohl und war auch für andere unerträglich. Dann wurde die Serie auf eine Zeit verlegt, in der es mir nicht möglich war, vor dem Fernseher zu sitzen. Welch eine Antwort auf meine Not! Ich schwor mir, nie wieder in eine solche Sklaverei zu geraten.

An der Sendung hatte es mir besonders das wunderschöne Haus angetan, in dem die handelnden Personen lebten. Die Leute waren reich und hatten Hausmädchen. Diese Fernsehserie war einer der wenigen Augenblicke in meinem Leben, in denen ich Ordnung und Schönheit genießen konnte. Jetzt ist es natürlich viel besser, Ordnung und Schönheit in meinem eigenen Haus zu haben.

Gute und geeignete Bücher wirken ermutigend und motivierend. Aber auch sie nehmen, wie das Fernsehen, Zeit in Anspruch, die Ihnen dann für Ihre Arbeit fehlt. Teilen Sie sich am Anfang also ganz bewußt Ihre Lesezeit ein, besonders, wenn Sie von Natur aus eine Leseratte sind.

Wenn wir am Morgen als erstes in der Bibel oder einem anderen geistlichen Buch lesen, gelangen wir in die rechte Verbindung mit Gott, aus der wir Kraft schöpfen. Wenn Sie nicht wissen, wo sie anfangen sollen, rate ich Ihnen, mit den Psalmen oder dem Johannesevangelium zu beginnen.

Wir haben eine Entscheidung getroffen.
Wir haben unseren Haushalt
und unser Leben neu organisiert.
Jetzt ist es an der Zeit, ein paar unserer Träume
in die Tat umzusetzen.

Wie man sich selbst motiviert

Halten Sie Ihre Begeisterung wach: Haben Sie ein oder zwei Dinge im Haus, die Ihre Begeisterung hervorrufen — ein blankgeputzter Toaster, ein blitzsauberes Bad oder was immer dazu angetan ist, Ihre Energie wachzuhalten.

Arbeiten Sie für andere: Laden Sie regelmäßig Gäste ein. Das Bewußtsein, daß die Gäste Ihr Haus aus einer ganz anderen Perspektive sehen werden, hilft Ihnen am besten zu erkennen, was noch erledigt werden muß. Wenn wir wissen, daß Gäste kommen, neigen wir dazu, unser Haus aus dem Blickwinkel der Besucher zu betrachten.

Stellen Sie eine Putzfrau ein: Das sollten Sie sich ernsthaft überlegen. Wäre es nicht schön, wenn eine Putzfrau in Ihr frisch organisiertes und aufgeräumtes Haus käme und einmal gründlich saubermachen würde? Wenn Sie dann auch zu Hause bleiben, könnten Sie während dieser Zeit eine größere Arbeit in Angriff nehmen, zu der Sie bislang nicht gekommen sind, und nun wird das Haus wirklich blinken und blitzen.

Machen Sie Arbeitstausch: Putzen Sie einem Freund oder einer Freundin den Boden, und lassen Sie ihn oder sie Ihren Backofen reinigen. Irgendwie scheint es uns leichter zu fallen, bei jemand anderem sauberzumachen.

Holen Sie sich Gesellschaft: Laden Sie eine Freundin ein, wenn Sie putzen oder einen Schrank aufräumen, die sich in dieser Zeit mit Ihnen unterhält oder Ihnen hilft. Die Freundin kann Ihnen auch Mut machen, sich von Dingen zu trennen. („Meinst du, das brauche ich noch, Jane? Ach, wahrscheinlich nicht, ich werd's wegwerfen.") Gehen Sie nach der Arbeit miteinander essen, oder laden Sie Ihre Freundin zu einem besonderen Essen ein, das Sie am Vorabend zubereitet haben.

Setzen Sie sich eine zeitliche Grenze: Arbeiten Sie nach Zeit. Stellen Sie eine Küchenuhr oder dergleichen, oder noch besser, legen Sie eine Schallplatte oder CD auf. Nehmen Sie sich zunächst vor, nur bis zum dritten Lied zu arbeiten. Sie werden sehen, daß Sie Lust bekommen, noch weiter zu schaffen, wenn Sie einmal in Schwung gekommen sind.

Für eine größere Arbeit halten Sie sich durch Abspielen einer ganzen CD bei Laune.

Belohnen Sie sich: Gönnen Sie sich für eine gelungene Arbeit eine Belohnung. Ein besonderes Essen ist gut geeignet, wenn Sie schlank sind. Wenn nicht, gibt es sehr leckere Spezialitäten, wie Artischocken oder Krabben, die nicht viele Kalorien haben. Auch ein Schmuckstück, ein Stadtbummel mit einer Freundin oder ein Stück Luxusseife ist eine willkommene Belohnung.

Lassen Sie sich von einem Erfolg zum nächsten führen: Erfolg ist die stärkste Motivation. Wenn Sie Ihren Haushalt erst einmal unter Kontrolle haben, wenn alles schön und zweckmäßig eingerichtet ist, werden Sie sich nicht nach den alten Zuständen zurücksehnen. Die Komplimente von Familie und Freunden sind Nahrung für Seele, Geist und Körper. Und natürlich sind wir mit unserem neuen Lebensstil selbst zufriedener.

Teil 5

Die Mühe lohnt sich

19. Kapitel

Ein neues Bild malen

Jeder Mensch braucht seine Erinnerungen. Sie vertreiben den Wolf der Bedeutungslosigkeit von unserer Tür.
Saul Bellow

Wenn Sie Ihr Leben organisiert haben, können Sie das tun, was Sie wirklich tun wollen, auf Ihre schöne, saubere, vorbereitete Leinwand Ihr persönliches Lebensbild malen. Das ist ganz wichtig – ob Sie nun allein leben, in einer Wohngemeinschaft oder Familie. Jetzt haben Sie Zeit, Ihre persönlichen oder familiären Traditionen aufzubauen.

Wenn Sie alleinstehend sind, glauben Sie vielleicht, das sei kein Thema für Sie. Traditionen sind doch für Familien, oder? Unsinn! Ich glaube, daß es für Singles sogar noch wichtiger ist, auf Traditionen zu achten als für Familien. Denn in einer Familie kommen Traditionen durch das Zusammenleben mit den Kindern und dem Ehepartner mehr oder weniger automatisch zustande.

Als Single sind Sie allein verantwortlich für Ihre eigenen Traditionen oder deren Nichtvorhandensein. Manche Leute können Traditionen um ihrer selbst willen aufrechterhalten. Das kann ich nicht. Ich brauche jemanden, mit dem ich diese Traditionen teilen kann. Wäre ich alleinstehend, müßte ich andere Menschen in meine Traditionen einbeziehen. Das

151

könnten andere Singles, ältere Menschen, Familien oder Studenten sein.

Ich kannte eine alleinstehende College-Bibliothekarin, die in regelmäßigen Abständen Studenten zum Waffelessen einlud. Es gab dann alle möglichen Waffel- und Sirupsorten. Das war wie ein Stück Heimat für uns. Zuweilen brachten die Studenten besondere Waffelrezepte aus ihrem Urlaub mit. Ich bin sicher, daß das Leben dieser Frau durch eine solche Tradition bereichert wurde — und unseres auch.

Verpassen Sie also als Alleinstehende nicht aus Trägheit die Chance, wertvolle Traditionen zu schaffen.

Wenn Sie in der Nähe Ihrer Familie wohnen, werden Sie sicher die gemeinsamen Traditionen pflegen. Aber geben Sie sich nicht allein damit zufrieden. Lassen Sie Ihre Phantasie spielen, und schaffen Sie auch ganz eigene, individuelle Traditionen. In Familien bieten sich Traditionen geradezu an: Gutenachtgeschichten, besonderes Essen, Geburtstagsfeiern oder gemeinsame Ferien.

Die Aufrechterhaltung von Traditionen erfordert einen erheblichen Einsatz und auch Organisation. Wenn Sie nach dem System in diesem Buch vorgehen, werden Sie auch in diesem Bereich die Dinge im Griff haben. Sie brauchen dann nicht mehr lange nach den Weihnachts- oder Ostersachen zu suchen.

Sie werden überrascht sein, wie Ihr Leben bereichert wird, wenn Sie wissen, wo Sie all diese Dinge schnell finden. Allein dieses Wissen gibt dem Geist irgendwie Auftrieb. Vage und nebulose Ideen können nun in die Tat umgesetzt werden und Ihre Familie erfreuen. Das, was Ihnen früher zu umständlich und lästig erschien, wird nun durchgeführt, weil Sie jetzt die Zeit und Energie dazu haben.

Solche Traditionen sind im ganz alltäglichen Leben verwurzelt, wie das Vorlesen von Gutenachtgeschichten (das wird jetzt leichter, nachdem Sie die Kinderbücher geordnet haben), das Anzünden einer Kerze beim Sonntagsfrühstück oder dergleichen.

Schön ist es auch, wenn man immer mal wieder traditionelle Familienrezepte oder heimatliche Spezialitäten auf den

Tisch bringt. In meiner Familie gibt es an Neujahr ein besonderes Erbsengericht. Man sagt, daß jemand im nächsten Jahr desto reicher wird, je mehr Erbsen er essen kann.

Eine Freundin hat diese Tradition noch abgewandelt. In ihrer Familie versteckt man eine saubere Münze im Essen. Wer sie erwischt, soll im nächsten Jahr besonderes Glück haben. Sie benutzen jedes Jahr dieselbe Münze.

Auch die Geburtstagsfeiern kann man auf besondere Weise gestalten. So könnte man zum Beispiel eine Erdnuß im Geburtagskuchen mitbacken. Wer das Stück mit der Erdnuß auf dem Teller hat, bekommt einen besonderen Preis. Wer Geburtstag hat, darf sich natürlich auch das Essen wünschen, das es an diesem Tag geben soll.

Vor einiger Zeit haben wir noch etwas anderes eingeführt. Beim Geburtstagsessen sagt jeder, was er besonders an der Person schätzt, die Geburtstag hat, und sie erhält von jedem einen Bibelvers.

Das Weihnachtsfest ist für unsere Familie ein Höhepunkt des Jahres. Für das Gelingen dieses Festes ist eine gute Organisation unerläßlich. Zunächst sollte man wissen, wo sich die Weihnachtssachen befinden. Wir wollen hoffen, daß sie mittlerweile alle in Schachteln mit der Aufschrift „Weihnachten" verpackt und in alphabetischer Reihenfolge in der Garage, im Keller oder auf dem Dachboden verstaut sind. Sind sie woanders untergebracht, sollten Sie das in Ihrem Karteikasten unter der Rubrik „Lagerung" vermerkt haben, so daß Sie die Sachen leicht wiederfinden, wenn Sie an die Vorbereitungen für dieses große Fest gehen.

Geschenke besorgen, Dekorieren und Kochen sind die drei Hauptbereiche der Weihnachtsvorbereitung. Das Kaufen der Geschenke kann man über das ganze Jahr verteilen, dann stehen Sie in der Vorweihnachtszeit nicht so unter Druck.

Packen Sie die Geschenke unmittelbar nach dem Kauf ein. Dann sitzen Sie am Weihnachtstag nicht irgendwo abseits, um Geschenke einzuwickeln, sondern können die Zeit mit Ihrer Familie verbringen. Schreiben Sie die Namen der Leute, für die Sie während des Jahres Geschenke kaufen wollen, in Ihren

Karteikasten – und zwar an den Beginn jeden Monats, in dem Sie den Kauf planen.

Die Weihnachtsdekorationen werden jedes Jahr wieder hervorgeholt, und mit ihnen sind viele Erinnerungen verbunden. Früher haben Sie den dreijährigen Martin hochgehoben, damit er den Stern an der Spitze des Christbaums befestigen konnte. Jetzt muß Martin den Stern aufhängen, weil er der einzige ist, der die Baumspitze erreichen kann.

Eines der traurigsten Erlebnisse aus der ersten Zeit meiner Ehe war das erste Weihnachtsfest, das mein Mann und ich allein miteinander verbrachten. Als es an der Zeit war, unseren kleinen Baum zu schmücken, mußten wir in einen Laden gehen, um Weihnachtsschmuck zu kaufen. Da hingen nun die fremden Christbaumkugeln an einem Faden statt an Metallhaken, weil ich dachte, wir seien zu arm, um solche Haken zu kaufen. Nach dieser Erfahrung nahm ich mir vor, daß meine Kinder ihre eigenen Christbaumkugeln bekommen sollten. An sie würden viele Erinnerungen geknüpft sein, und die Kinder könnten sie später in ihre eigenen Familien mitnehmen.

So kaufe ich jedes Jahr vier zusammenpassende Kugeln. Eine behalten mein Mann und ich, die anderen bekommen unsere drei Kinder. Wenn möglich, ritzen wir die entsprechende Jahreszahl an eine passende Stelle im Ornament und auch den Namen des Kindes, wenn es schwer ist, die Kugeln voneinander zu unterscheiden. Wir haben auch Kugeln, die die Kinder im Kindergarten gebastelt oder die wir im Urlaub miteinander bemalt haben. Vielleicht besitzen gar die späteren Ehepartner unserer Kinder ebenfalls Weihnachtsschmuck aus ihrer Kindheit, so daß sich an ihrem ersten gemeinsamen Weihnachtsfest die Traditionen zweier Familien mischen.

Übrigens haben wir immer noch ein paar Weihnachtskugeln mit einem Faden statt einem Metallhaken. So wurde selbst dieses erste Weihnachtsfest unserer Ehe zu einer bittersüßen Erinnerung.

In vielen Familien gibt es ein traditionelles Weihnachtsessen, auf das man sich schon lange vorher freut. Es gibt viele gute Bücher mit Geschichten, Liedern und Bräuchen zur Weihnachtszeit. Ich habe in so einem Buch von einem sehr netten Brauch gelesen, dem Wichteln. Ungefähr zehn Tage vor Weihnachten werden die Namen aller Familienmitglieder auf einen Zettel geschrieben, und jeder zieht so einen Zettel. Für die Person, die auf dem Zettel steht, denkt man sich bis Weihnachten allerlei heimliche Überraschungen aus. Am Weihnachtsabend versucht jeder zu erraten, wer sein Wichtel war, und das Geheimnis wird gelüftet.

Abgesehen von Weihnachtstraditionen sind die Schätze der Kinder eines der schwersten Organisationsprobleme — Aufsätze, Siegerurkunden, Schulbilder und andere Dinge, die man gerne aufbewahren würde. Die Lösung ist eine Schatzkiste, das heißt, ein Karton, den man mit Plastikfolie bekleben kann, eine Holz- oder Plastikkiste. Hier kommen Ordner hinein — einer für jedes Jahr —, die sie, wenn Sie wollen, auch mit Photos des betreffenden Kindes schmücken können. In diese Ordner kommen nun ausgewählte Aufsätze, Hefte, Urkunden und andere Erinnerungstücke. In der Kiste ist auch noch Platz für manch sperriges Erinnerungsstück — wie etwa das Kästchen mit dem Froschskelett. Aber übertreiben Sie nicht. Es genügt, wenn Sie jedes Jahr einige wenige, typische Erinnerungsstücke auswählen.

Im Laufe des Familienlebens können sich auch ganz alltägliche Traditionen entwickeln. Wir haben zum Beispiel von Zeit zu Zeit einen Familienabend, meistens am Freitag. Eine Freundin konnte an einem Samstag nicht zu einer Veranstaltung kommen, da sie mit ihrem Mann und ihrem Sohn einen Familientag geplant hatte. Ich finde das sehr schön.

Kürzlich sprach ich mit meiner Tochter über unsere Familientraditionen, deren Bewahrung mir auch in meinen Messiejahren sehr am Herzen lag. Sie erinnerte sich gern an die, die mir gerade einfielen, äußerte sich aber regelrecht begeistert über die Aktivitäten, die mit unserer Kirche zusammenhingen.

Ich weiß, daß nicht alle Gemeinden sich geistlich und menschlich so um einzelne und Familien kümmern wie unsere. Unsere Gemeinde ist eine Art erweiterte Familie. Die

Leute dort sind herzlich und zeigen echtes Interesse aneinander. Das ist eine große Bereicherung für unser Familienleben.

Am Sonntag ist es uns wichtig, aufzustehen und in den Gottesdienst zu gehen. Auch am Sonntag halte ich einen Plan ein, so daß wir das Haus aufgeräumt verlassen, falls jemand nach dem Gottesdienst mit uns nach Hause kommt.

Für mich persönlich ist der Gottesdienst am Sonntagmorgen der Höhepunkt der Woche. Es fällt viel leichter, wegzugehen und den Gottesdienst bewußt zu feiern, wenn ich das Haus aufgeräumt und ordentlich hinterlasse. So kann ich mich entspannen und den Tag genießen. Weil ich die Ordnung um mich herum genieße, fühle ich mich auch selbst gut und kann erwartungsvoll in die vor mir liegende Woche gehen.

Familientraditionen

Alter Weihnachtsschmuck ist der schönste. Als nächstes kommt der, den wir bewußt ausgewählt haben oder der von einem Kind gebastelt wurde. Plastikkugeln scheiden aus, es sei denn, das Baby hat seinen Zahnabdruck hinterlassen.

Jungen lieben riesige Pakete. Als nächstes kommen Päckchen der mittleren Größe, die rasseln, wenn man sie bewegt. Alles, was nach Bekleidungsstück aussieht, zählt nicht.

Mädchen lieben winzige Kästchen vom Juweliergeschäft. Als nächstes kommen mittelgroße Päckchen, die rasseln. Manchmal zählen sogar Päckchen aus dem Bekleidungsgeschäft.

20. Kapitel

Ein neuer Anfang

Man findet seinen Weg nur, indem man ihn geht.
A. D. Sertillanges

Nun wissen Sie so gut wie ich, wie man den Morast des Messielebens hinter sich läßt.

Ich habe mich dreiundzwanzig Jahre lang mit meinem Haushalt abgeplagt – und dreiundzwanzig Jahre lang bin ich an ihm gescheitert. Die Methoden, die ich Ihnen in diesem Buch vorgestellt habe, haben mein Leben verändert. Sie können auch Ihr Leben verändern, wenn Sie bereit sind, das, was Sie hier gelesen haben, in die Tat umzusetzen.

Zuerst einmal müssen Sie erkennen und zugeben, daß Sie ein Messie sind, aber auch, daß Sie nicht unbedingt wie einer leben müssen. Es ist möglich, auf der Skala nach oben zu wandern. Nehmen Sie sich vor, eine 5, 6 oder 7 zu werden. Dann überlegen Sie, welche schlechten Gewohnheiten Ihnen die meisten Schwierigkeiten bereiten.

Als nächstes stecken Sie sich Kurz- und Langzeitziele. Dann organisieren Sie mit Hilfe der Mount-Vernon-Methode Ihren Haushalt. Trennen Sie sich von allem, was nicht nützlich oder schön ist. Nehmen Sie sich Zeit, und gehen Sie behutsam mit Ihren Kräften um, denn die Veränderungen, die Sie jetzt vornehmen, werden Ihr ganzes Leben radikal umwandeln.

Ist Ihr Haushalt auf diese Weise organisiert und von dem Gerümpel vieler Jahre befreit, beschaffen Sie sich die nötigen Dinge, um diesen Zustand zu erhalten — ein Photoalbum, einen Karteikasten, ein Notizbuch und eine Hängeregistratur. Denken Sie immer daran, daß das Hinauszögern von Arbeiten Ihre Niederlage bedeuten kann, und benutzen Sie diese Maßnahmen als Gegenmittel.

Beziehen Sie Ihre Familie in Ihre Bemühungen ein, und vergessen Sie nicht, daß sie vielleicht etwas Zeit brauchen, um sich an Ihren neuen Lebensstil zu gewöhnen.

Der Plan funktioniert, er funktioniert sogar sehr gut, aber nur, wenn Sie das Ihre dazutun. Sie müssen den Zauberstab schwingen. Ich würde mich sehr freuen, von Ihren Erfolgen zu erfahren.

Viel Glück! Möge Gott Sie segnen, wenn Sie sich neue Ziele für Ihr Leben setzen und sich bemühen, diese Ziele zu erreichen.

Wenn Sie Interesse an weiteren Informationen zu dem Thema haben oder eine Messie-Selbsthilfegruppe gründen möchten, wenden Sie sich bitte an:

Messie-Gruppen Deutschland
Frau Susanne Herms
c/o Brendow Verlag
Gutenbergstr. 1

47443 Moers

Die Wurzeln des Chaos

Sandra Felton

Im Chaos bin ich Königin

Überlebenstraining im Alltag

Paperback
180 Seiten
ISBN 3-87067-556-X

Sind Sie die ungekrönte Königin des Chaos? Gleicht Ihr Wäscheberg zeitweise dem Mount Everest? Wird es für Sie von Tag zu Tag schwieriger, Ihren Haushalt zu überblicken? Geben Sie nicht auf! Offensichtlich sind Sie ein »Messie«, ein Mensch, der Probleme hat, seinen Alltag zu organisieren. Trotz allem Bemühen neigen Messies zur Unordentlichkeit, sammeln, horten oder sind Zeit-Chaoten.

Einleuchtend, ermutigend und humorvoll deckt Sandra Felton in diesem Buch die tiefen Ursachen von Chaos und Unordentlichkeit auf. Sie vermittelt Wege für durchgreifende Veränderungen und ein neues Selbstbewußtsein.

Brendow Buch Kunst Verlag

Tips und Tricks

Sandra Felton

**Im Chaos werden Rosen
blühen**

Tips und Tricks für »Messies«

Paperback
192 Seiten
ISBN 3-87067-608-6

Chaos entsteht, wo alles gehortet wird, »weil man's noch mal gebrauchen kann«, und wo vor lauter Kreativität und Engagement keine Zeit mehr für den Haushalt bleibt.
Chaos macht sich bemerkbar, wenn Sie sich ständig auf der Suche nach Schlüsseln oder Scheckheft befinden.
Chaos ist besiegbar, wenn Sie dieses Buch als Hilfe zur Selbsthilfe lesen und anwenden.

Sandra Felton, Gründerin der »Anonymen Messies«, hilft Ihnen bei der wahrhaft revolutionären Umgestaltung Ihrer Lebensräume. Bleibende Ordnung innerhalb Ihrer vier Wände, einfach und wirkungsvoll umgesetzt. Wertvolle Tips, damit auch in Ihrem Leben wieder Rosen blühen.

Brendow Buch Kunst Verlag